Yazid Haddar

L'Algérie : entre l'opacité et l'inertie

Yazid Haddar

L'Algérie : entre l'opacité et l'inertie

Éditions Vie

Impressum / Mentions légales
Bibliografische Information der Deutschen Nationalbibliothek: Die Deutsche Nationalbibliothek verzeichnet diese Publikation in der Deutschen Nationalbibliografie; detaillierte bibliografische Daten sind im Internet über http://dnb.d-nb.de abrufbar.
Alle in diesem Buch genannten Marken und Produktnamen unterliegen warenzeichen-, marken- oder patentrechtlichem Schutz bzw. sind Warenzeichen oder eingetragene Warenzeichen der jeweiligen Inhaber. Die Wiedergabe von Marken, Produktnamen, Gebrauchsnamen, Handelsnamen, Warenbezeichnungen u.s.w. in diesem Werk berechtigt auch ohne besondere Kennzeichnung nicht zu der Annahme, dass solche Namen im Sinne der Warenzeichen- und Markenschutzgesetzgebung als frei zu betrachten wären und daher von jedermann benutzt werden dürften.

Information bibliographique publiée par la Deutsche Nationalbibliothek: La Deutsche Nationalbibliothek inscrit cette publication à la Deutsche Nationalbibliografie; des données bibliographiques détaillées sont disponibles sur internet à l'adresse http://dnb.d-nb.de.
Toutes marques et noms de produits mentionnés dans ce livre demeurent sous la protection des marques, des marques déposées et des brevets, et sont des marques ou des marques déposées de leurs détenteurs respectifs. L'utilisation des marques, noms de produits, noms communs, noms commerciaux, descriptions de produits, etc, même sans qu'ils soient mentionnés de façon particulière dans ce livre ne signifie en aucune façon que ces noms peuvent être utilisés sans restriction à l'égard de la législation pour la protection des marques et des marques déposées et pourraient donc être utilisés par quiconque.

Coverbild / Photo de couverture: www.ingimage.com

Verlag / Editeur:
Éditions Vie
ist ein Imprint der / est une marque déposée de
OmniScriptum GmbH & Co. KG
Heinrich-Böcking-Str. 6-8, 66121 Saarbrücken, Deutschland / Allemagne
Email: info@editions-vie.com

Herstellung: siehe letzte Seite /
Impression: voir la dernière page
ISBN: 978-3-639-77069-8

Copyright / Droit d'auteur © 2014 OmniScriptum GmbH & Co. KG
Alle Rechte vorbehalten. / Tous droits réservés. Saarbrücken 2014

Table of Contents

Préface 2
La perversité politique ! 5
Bouteflika : Ni révolution, ni réforme, c'est le statu quo! 7
Une Révolution ou une révolte ! 9
La loi est-elle utile en Algérie? 13
L'autisme politique ! 16
Les fantômes du DRS ? 19
Ecole, violence et libre arbitre ! 23
Lettre à la femme algérienne 27
Le politique et la pensée politique en Algérie! 33
De la pensée unique à la pensée zéro! 37
La bi-nationalité : un non dit de la classe politique 41
Encore des commissions et des promesses ! 44
Réformes à la calandre grecque! 47
La liberté des consciences en Algérie ! 50
Les minorités religieuses en Algérie et «l'occidentophobie» 52
La liberté des consciences en Algérie ! 56
La boisson alcoolisée en Algérie : entre tabou et hypocrisie 58
L'art et la culture à l'école algérienne 63
B. Sansal et le malentendu ! 67
La République et les nouvelles technologies de l'information et de la communication (NTIC) : ACTE II 71
Y a-t-il une opposition en Algérie ? 74
Quand l'Islam porte sa croix ? 83
L'Imam et le citoyen! 86
La quête du sens! 89

Préface

Cinquante ans après l'indépendance, l'algérien voit son quotidien de plus en plus « un enfer » ! Des jeunes qui prennent le risque de traverser la mer pour rejoindre l'Europe, qui est déjà touché de plein fouet par la crise économique. L'algérien qui était fière d'exhiber son passeport après l'indépendance et aujourd'hui paye des sommes faramineuses pour avoir un simple visa vers l'Europe ou l'Amérique ! Il y a cinquante ans, nos parents refusaient la nationalité française et aujourd'hui 80% des algériens qui quittent le pays la demande. Je me souviens de mon père qui a refusé de venir en France pour se soigner, car il gardait encore des séquelles psychologiques de la guerre, il a choisi de mourir que de venir en France.

Mais, celle de mon oncle Ahmed, qui parle de la guerre, comme si c'était hier, de mon oncle Chérif qui était enfant quand il a vu son père tué devant lui par l'armée française, à son arrivée en Algérie après avoir participé à la deuxième guerre mondiale, de mon oncle Tayeb mort au cours d'un accrochage.

De ma grand-mère qui n'a jamais pleuré depuis la mort de son fils. Mais aussi d'un oncle de mon père qui a été harki, retrouvé mort dans sa chambre à Paris ! Ont-ils fait le choix difficile pour vivre dignement ? Ces faits font parties de l'histoire de tout Algérien, cependant, doit-on rester au seuil de notre histoire et en l'occurrence de notre passé ou doit-on avancer en se projetant dans l'avenir.

Il y a la question de l'histoire (sa manipulation et ses mythes, notre rapport à cette histoire, etc.), la question de l'identité nationale (la part de l'histoire, et de la langue,), de la religion et enfin un projet de société à tout niveau : économie, système de gouvernance, etc. Tous ces éléments contribuent directement ou indirectement à l'absence d'un projet de société d'avenir et pas une société qui vit de son passé. Ce sont l'ensemble de mes réflexions, au jour le jour sur les événements que l'Algérie vit au quotidien.

Dans cet essai, j'interroge notre conscience sur plusieurs questions, qui me viennent à l'esprit. Je ne prétends pas avoir des réponses, mais je les pose pour y réfléchir avec les lecteurs, dans la presse nationale, sur mon blog, etc. Il est important de donner une synthèse des maux qui peuvent être à l'origine de la stagnation de notre société, qui fait partie du monde. Nous avons un devoir morale de poser ces questions, afin d'éviter les erreurs du passé et de l'accepter, tel qu'il a été vécu, sans jugements ni condamnations ! Nous avons connus depuis l'indépendance des heures de gloire, d'un peuple qui a arraché son indépendance, cependant, celle-ci a été confisquée dès le cesser le feu !

L'Algérie est dans une situation critique, rien n'est clair, rien n'est stable et tout est dans l'attente, tout est à faire. Un grand chantier à ciel ouvert ! Plusieurs chantiers ont été lancés mais sans voire le jour. Certains ont été victimes des idéologies, d'autres des intérêts.

Nos projets prennent plus de temps que les autres pays, consomment plus d'argents que les autres pays et leur utilité ne dure pas plus, en moyenne, de deux ans après sa construction.

Nous avons beaucoup de choses à apprendre des autres, mais aussi de notre propre histoire. J'ai l'impression que notre histoire se répète, sans tirer aucune leçon de son évolution.

La perversité politique !

Il reste huit mois1 à l'élection présidentielle, mais peu de candidats qui s'affichent publiquement. Certains laissent entendre qu'ils se tiennent prêts «au service de l'Algérie», d'autres laissent leur désir «émerger» pour proposer leur candidature !

D'autres font les figurants pour d'autres qui attendent la décision d'en haut et les parrainages officieux ! Enfin, il y a ceux qui ont choisi d'annoncer leur candidature (et de commencer la campagne électorale pour certains) de Paris, de Suisse et de Londres ! Pourquoi en sommes-nous arrivés là ? L'actuel président laisse planer le suspense jusqu'à la dernière minute. Souvenez-vous de la dernière élection présidentielle, la durée de la révision de la Constitution, pour briguer le troisième mandat, n'a duré que 13 jours, elle n'a été faite qu'à la dernière minute. De ce fait, il a réduit toute initiative de certains candidats pour se présenter. Ce jeu pervers a déjà été joué à l'élection de 1999, avec une manipulation malsaine, rapportée par les candidats eux-mêmes, qui se sont retirés à la veille de l'élection. Qui était derrière cette manipulation ? L'histoire nous le dira !

Cette mainmise sur l'ensemble des institutions et cette perversité narcissique touchent également les partis politiques qui se réclament proches de l'actuel président et qui payent leur proximité au pouvoir décisionnel. De même, pour l'opposition, qui s'est emberlificotée (à son insu !) par le «raisonnement autistique», et s'est fourvoyée dans la logique de la «réconciliation politique avec les partis de tendance religieuse».

Quand au débat d'idées sur le projet de société reste lettre morte ! L'événement des non-jeûneurs aurait dû être une occasion de créer une nouvelle dynamique pour débattre publiquement sur les thèmes, comme la liberté des consciences, la laïcité et les valeurs républicaines, débat présent sur les réseaux sociaux et aussi dans les cafés et les lieux publics ; cependant, les partis dits républicains ont étouffé dans l'œuf (la logique de «ce n'est pas le moment»), et les religieux ont profité pour montrer leur force idéologique sur le terrain. Cette indécision paralyse la vie politique du pays et l'a réduit à une absurdité ubuesque ! Le citoyen répugne la politique. On ne viole pas sans conséquences les principes sur lesquels repose la Constitution et par conséquent la République.

La situation actuelle de l'Algérie, la corruption, le chômage, la crise de la moralisation de la vie politique, l'instabilité des institutions, l'absence d'un projet de société, la crise de l'éducation, le déficit économique, la place du pays au niveau régional et international etc., nécessiteraient et exigeraient d'urgence des débats nationaux sur le destin de la nation algérienne. Mais il n'en est rien. La crise nationale qui perdure affecte chaque élément de la nation, car au lieu d'engager une réflexion, on comptabilise les affaires de corruption, l'état de santé du président et d'autres sujets sociétales et politicardes sans crever l'abcès !

Cette incapacité à réfléchir, en dehors du cadre pré-imposé et/ou pré-réfléchie par la présidence et les pouvoirs occultes, rend la vie politique amorphe et sclérosée. Nous subissons, comme cela s'est produit souvent dans notre histoire, ce que Max Gallo appelle «une crise nationale de longue durée». Sans un effort immense, des initiatives courageuses, des sacrifices, des unions sacrées, nous sommes condamnés à dériver, à nous effacer et à nous enfoncer dans le sous-développement.

Bouteflika : Ni révolution, ni réforme, c'est le statu quo!

Il est étonnant de constater l'inertie du Président Bouteflika ! Si au premier mandat, il était bavard, son troisième mandat peut se résumer en un seul mot : le silence ! Si le Pape Benoît XVI démissionne de son poste de Pape, qui est rare dans l'histoire de l'Eglise, pour des « considérations d'âge et d'affaiblissement de ses forces face à de telles responsabilités », P. Bouteflika semble ne rien lâcher, ni l'âge, ni la maladie ne l'empêcheraient de se présenter au quatrième mandat, comme le laissent entendre certains titres de presse nationale. Il cultive l'idée : « après moi c'est le déluge » !

La preuve il a fait ''des vides'' autour de lui ou « Ils » ont fait ''des vides'' autour de lui, par la démission de l'ensemble des chefs des partis de coalitions (FLN, RND et MSP), qui lui ont assuré une couverture politique à sa sécession au poste de Président. Le vide ne touche pas uniquement l'espace politique, il a déjà commencé par vider la société (civile, économique, santé, etc.) de ses élites, qui se sont forcés et/ou on fait le choix de quitter le territoire national. Ce vide laissé par les compétences est complété par des incompétences serviles, qui cultivent et instituent « officieusement » la corruption et le népotisme ! Ce qui enfonce le développement du pays, qui se trouve en bas d'échelle à tous les niveaux, sauf en réserve d'argents !

La loi de la concorde civile, qui devrait, lui assurer une popularité, n'est qu'une manœuvre pour doper l'opinion publique nationale et internationale. Cette loi se heurte à ses limites. Même si au niveau militaire, elle a marqué des avancées, cependant, au niveau politique, sociale et éthique c'est un échec total. Les noms des personnes, qui sont liées aux massacres collectifs, n'ont jamais été suivis pénalement, ils circulent librement dans la société. Pis, cette loi instaure un déni « officiel » par son article 46 (de la loi d'amnistie de 2006): «Est puni d'un emprisonnement de trois à cinq ans et d'une amende de 250 000 à 500 000 DA quiconque qui, par ses déclarations, ses écrits ou tout autre acte, utilise ou instrumentalise les blessures de la tragédie nationale…»2.

Le projet social et politique des islamistes sont en large diffusion à plusieurs niveaux. Les mouvements intégristes envahissement l'ensemble de la vie politique algérienne et le retour des anciens dirigeants politiques, officiellement sont interdit de s'exprimer en publique, qui interviennent au vu et su de tout le monde, pis encore, ils arrivent à justifier leurs actions par un discours dogmatique et ils sèment l'idée « de qui tue qui ! ». Les victimes de la décennie noire se trouvent au même titre d'égalité que leurs bourreaux !

Les réformes promises restent des lettres mortes. L'état d'urgence, qui est officiellement levée mais officieusement reste en vigueur ! L'ouverture médiatique est en état de promesse, etc. C'est toujours le chef de l'Etat qui dirige, oriente, convoque, ordonne, planifie, etc. La corruption atteint des niveaux insupportables. Le système économique est en drive, il se dirige vers la spoliation. Le système éducatif n'arrive pas à sortir de « ses échecs -réformes », de même pour la santé, la justice, à deux poids et deux mesures, etc.

Le changement par la voie démocratique, par les urnes, a échoué ! Le changement va-t-il se faire par la nature ou par miracle ? Enfin, sur quoi P. Bouteflika s'appuiera-t-il pour briguer le quatrième mandat ! Rien ! Même l'espoir s'épuise en Algérie !

Une Révolution ou une révolte !

« Celui qui voudrait jouer au réformateur à seul fin d'arriver au pouvoir mériterait de se heurter à des obstacles et dépérir à son tour »

Ibn Khaldoun (El Moquaddima)

Lors de ma dernière participation à la foire de livre à Bruxelles, en février dernier, un lecteur m'avait interrogé sur les évènements qui secouaient le monde arabe, en m'interrogeant sur la nature de ces soulèvements est-ce une révolution ou uniquement une révolte ? A mon humble avis, je pense qu'il tôt de parler d'une révolution, même si quelques indices nous forcent à espérer pour qu'elle soit une réelle Révolution. En ce qui concerne l'Algérie, je pense qu'il y a trois types de mouvements de revendication, certains revendiquent une vraie révolution institutionnelle, d'autres se sont révoltés contre la distribution des richesses et enfin d'autres sont dans la revendication syndicale, qui est une évolution légitime de la société algérienne.

Pour ceux qui revendiquent un réel changement du système et pas « dans le système », comme le précise Ali Yahia Abdenour, la Révolution (qui est, rappelons-le, un mouvement politique amenant, ou tentant d'amener, un changement brusque et en profondeur dans la structure politique et sociale d'un État, et qui se produit quand un groupe se révolte contre les autorités en place et prend ou tente de prendre le pouvoir) est la seule issue pour apporter à long terme des institutions qui peuvent assurer la pérennité de l'Etat et surtout la stabilité de celle-ci. Mais malheureusement, on constate que ce n'est pas l'aspiration de tout le monde, pour de multiples raisons, que je résume en deux points : la peur et les fausses croyances. Le peuple algérien a eu l'expérience d'un mouvement de contestation en Octobre 1988, qui malheureusement n'a pas donné de résultats probants. Cependant, les algériens ont payé une facture lourde pendant la décennie noire, ce qui les a poussé à se méfier de toute forme de protestation ou de mouvement, qui n'apporte pas de résultats immédiats.

De plus, le pouvoir a réussi à créer le vide intellectuel dans la société, par l'exode massive de l'élite national et également des personnes qui aspirent et adhèrent au projet démocratique. Ce vide est perceptible dans la mesure où le nombre de personnes qui ont manifesté le 12 février 2011 à Paris et à Montréal sont dix fois plus que ceux qui ont manifesté à Alger (en prenant en compte l'interdiction des autorités et de leur répression injustifiée). Une raison de plus de croire qu'une grande partie des Algériens qui portent le projet républicain et les valeurs démocratiques, en l'occurrence la laïcité et l'Etat de droit vivent en exile. On sait, écrit Mohamed Arkoun dans une préface de son ouvrage « Humanisme et Islam » pour l'édition algérienne, comment l'après-guerre va bouleverser les cadres sociaux de la connaissance et de la créativité de l'esprit avec l'expansion rapide des idéologies nationalistes de combat pour la libération politique.

Ni pendant, ni après ce combat victorieux, on s'est interrogé sur les conditions d'une libération intellectuelle et culturelle des esprits ; on a plutôt choisi d'enfermer les aspirants à une citoyenneté démocratique dans des clôtures dogmatiques mêlant religion et nationalisme au point d'instaurer des violences structurelles dans chaque société. » . « Le système » continue dans sa manipulation en renforçant les fausses croyances, en diffusant les fausses informations, en complaisance de quelques titres de presse. Cependant, « le système » a compris, que ce mouvement démocratique a des influences sur le plan international, ainsi, il se voit obligé de l'assurer, en abrogeant l'état d'urgence, qui est une vraie manipulation politique.

De plus, multiplier des interviews pour la presse mondiale. Toutefois, la levée de l'état d'urgence n'a pas été accompagnée par la libération des médias lourds et renforcement des libertés individuelles, syndicales, associatives et partis politiques.

Pour les mouvements de révolte auxquels nous assistons au quotidien, pour l'attribution de logements, les travaux d'aménagement territorial (à l'algérienne, c'est-à-dire sans respect des normes scientifiques), le chômage, etc., restent des mouvements spontanés et sporadiques, sans évolution sociale réelle. Qu'est-ce qu'un homme révolté? S'interrogea Albert Camus dans l'homme révolté. Un homme qui dit non, écrit-il. Un esclave qui a reçu des ordres toute sa vie, juge soudain inacceptable un nouveau commandement, selon Camus. Ces révoltés des quartiers et dans quelques villes, réclament leur part du gâteau de la rente pétrolière. Des sentiments d'abondant et d'injustice animent ces jeunes et les poussent à se révolter contre les autorités locales, qui sont souvent non qualifiées pour gérer les municipalités, mais également dépourvues de toute autonomie dans la prise de décision importante.

Ces débordements ubiquitaires sur le territoire national, seront multipliés si la situation n'est pas absorbée par une vraie volonté de changement. Ainsi, « le système » distribue ou/et facilite l'obtention d'un crédit pour les jeunes afin de calmer ces révoltes journalières. Les jeunes ont compris désormais que c'est le moment ou jamais pour profiter de cette distribution rentière. Ce conditionnement « de profiter de l'argent de l'Etat » est ainsi renforcé à chaque fois qu'il y a une crise. Ceci ne contribue guère à l'instauration ni d'un état de droit et ni d'un citoyen responsable de l'avenir de sa nation.

Enfin, les syndicalistes de tous corps confondu qui se manifestent un peu partout en Algérie, incarnent l'espoir d'un réel changement social d'une part au niveau individuel et d'autre part au niveau institutionnel. Ainsi, ils renforcent la notion de l'effort et de l'organisation pour l'obtention de plus de droit salarial et les conditions de travail sont de plus en plus acquises pour les travailleurs algériens. Ce mouvement, qui s'organise et qui tire des leçons de ses expériences précédentes est porteur d'un espoir d'une mutation de la société algérienne.

Une chose est sûr que les voies du changement sont en cours et le « système » est déstabilisé, contrairement à se qu'il prétend. Les promesses n'ont plus d'effet. Le peuple veut du changement. Comment et quand ! Le peuple algérien décidera au moment opportun !

La loi est-elle utile en Algérie?

«Il vaut mieux savoir où l'on est sans savoir où l'on va que savoir où l'on va sans savoir où l'on est »
Un marin Breton.

Les derniers évènements que la presse nationale a rapportés, me poussent à s'interroger sur quel modèle républicain, nos dirigeons, souhaitons-ils : une république des citoyennes ou une république des croyants ? Il s'agit des déclarations de Monsieur le ministre des affaires religieuses, les évènements sur la construction d'une mosquée dans le village d'Aghrib à Tizi Ouzou et les procès pour les non-jeûneurs. Ces évènements révèlent l'impuissance des autorités publiques à s'imposer (ou sa complicité tacite !) dans l'espace publique, cependant ils la cèdent à l'autorité religieuse.

En fait, on assiste à une prédominance du religieux sur le civique. Plusieurs évènements le confirment. L'autorité de l'Etat s'atrophié devant l'autorité du religieux, dans l'espace publique les valeurs citoyenne cèdent leur place à la morale religieuse et les représentants de l'Etat désormais négocient l'espace publique avec les représentants religieux. Depuis quand un imam intervient-il dans les affaires politiques ? Quand un imam joue le rôle du président du l'APC n'est qu'un symptôme de délassement et de la démission des représentants de l'Etat. Ainsi, ils ont met en danger les valeurs républicaines ! Nos politiques n'ont pas réussi à établir des institutions stables, en outre ils n'ont guère réussi à transmettre les valeurs républicaines aux générations futures.

Il suffit de relire la déclaration du premier novembre 1954 pour se rendre compte que notre idéal républicain est confisqué par ces mêmes personnes qui prétendent d'être protecteur de cette déclaration. En février 2009 le ministre des Affaires religieuses « estime que les imams sont des héritiers des moudjahidine et des chouhada (martyres)3. ». Un an après certain parmi eux jugent que se n'est pas utiles de se lever à l'hymne national ? Alors monsieur le ministre sont-ils des héritiers des moudjahidine et des martyres qui ont donné leur vie pour que ce drapeau soit levé et cet hymne soit chanté dans un Algérie indépendante ?

De plus ce même ministre déclare que « la liberté est assurée en Algérie. Seulement cette liberté est ne concerne que le politique et non la religion4». Cette déclaration est en contradiction à la déclaration du 1 novembre 1954, qui acte fondateur de notre république, et qui stipule que : « le but est l'indépendance nationale par 1) La restauration de l'Etat algérien souverain, démocratique et social dans le cadre des principes islamiques. 2) Le respect de toutes les libertés fondamentales sans distinction de races et de confessions5. » A vrai dire selon les propos de ce ministre on peut agréer un partis communiste sans que ses adhérents soit communistes ! Dans le même ordre d'idée les écrivains, les intellectuels et les citoyens algériens non-musulmans n'ont pas le droit d'exister dans une république algérienne. En ce cas, il serait intéressant de savoir quelle conception a-t-il de la république ?

Concernant les non-jeûneurs présentés à la justice, leur seul tort était de ne pas être pratiquant. Les policiers, dans leur zèle ramadanesque, veulent faire respecter la Loi, ils se précipitaient à les mettre sous les vireux pour non respect du culte musulman. Que dit-il cette loi ? Il s'agit de l'article 144 bis de code pénal qui dispose notamment que « tout individu qui porte atteinte aux préceptes de l'islam par écrits, des dessins ou tout autre moyen est passible de 3 à 5 ans de prison… ». Les non-jeûneurs n'ont pas porté atteinte aux préceptes de l'islam ni par écrit, ni par dessein et ni par autre moyen, ils ont seulement exerce leur droit de liberté de conscience, comme le garantis la constitution algérienne. Quant-il de la corruption, du vole du dénie publique, qui porte atteintes aux valeurs morales de l'Islam ?

Haut du formulaire

Finalement comme l'a bien dit Monsieur Mohand Issad6 : « Nos institutions sont excellentes dans le texte. Nous avons des lois conformes aux standards internationaux. Ce qui boite dans ce pays c'est leur application, c'est-à-dire les hommes qui appliquent. » Il poursuit qu'il souhaite que « nous réussissions à fonctionner nos institutions comme elles fonctionnent ailleurs ». C'est notre souhait à tous…

L'autisme politique !

Nous assistons à une crise sans précédant dans le système politique algérien ! Du jamais vu ! Nous battons des records au niveau régional ! Depuis le 10 mai, date des dernières élections, à ce jour, les affaires de l'Etat sont suspendues, ni nouveau premier ministre, ni nouveaux ministres, ni des projets d'avenir en vu. L'Algérie est en attente de la volonté du prince ! L'effet d'attente ne date pas d'aujourd'hui, le changement de la constitution pour briguer le troisième mandat, est la preuve. D'autres faits, les rapports de la réforme de l'éducation, de la justice, etc., à ce jour, rien n'a été publié, contrairement à ce qui est écrit dans le cahier spécial du quotidien « le monde ».

Souvenons-nous des élections présidentielles de 1999, à la veille du jour des élections, les autres candidats se retirent de la course sauf Un, l'actuel Président. Quelques années plus tard, le journaliste Mohamed Sifaoui a révélé que les autres candidats étaient manipulés. Par qui et pourquoi ? Souvenons-nous que au cours des trois mandats, les affaires de l'Etat ont été gérées par décret présidentiel, en méprisant les représentants du peuple, en les renvoyant dos-à-dos à leur électeur. Au cours des ces mandats, nous avons assisté à l'éclatement des partis de l'opposition en mini partis, sans enracinement, mais et surtout en affaiblissant leurs actions. De même pour les associations, les syndicats, etc. Il vide l'Algérie de l'esprit de la revendication citoyenne. Il discrédite les représentants du peuple qui sont votés pour encaisser ses échecs. Ces mêmes représentants, élus par suffrage universel, sont confrontés à une dure réalité celle des Walis, qui ont le droit sur tout.

La haine, masquée par de fausses promesses, que nos dirigeants ont à l'égard du peuple est grave. Quand les hauts responsables s'adressent rarement à leur peuple par les médias nationaux mais souvent par les médias étrangers révèlent d'une attitude de mépris à l'égard de soi avant qu'elle soit à l'égard du peuple algérien. Sont-ils conscients ?

La corruption s'est enracinée dans les mœurs politiques en Algérie et elle est arrivée à une situation intenable, cette situation s'est encore aggravée au cours de ces derrières années, par la faiblisse de l'Etat, par manque de vision à long terme, autrement dit par l'absence d'un projet de société clair et fiable. Le niveau de la corruption a atteint un stade qui menace l'existence des fondements de la république algérienne. Quand des ministres sont cités par la presse nationale indépendante et internationale dans des affaires de corruption, avec des preuves à l'appuis, aucune section, pire, ces personnes sont toujours dans les affaires de l'Etat, sans que la justice fasse son travail, ni les organes de la sécurité nationale bouge un doigt. Sans parler des passes droits ! Nous sommes dans un Etat de non-droit.

Tous les rapports nationaux et internationaux émettent des signes d'alarmes, de l'économie, réformes des institutions, de systèmes éducatifs, du la justice, de la santé, des libertés, etc., sauf celle du « pouvoir » qui voit que de réalisation et d'épanouissement. Cependant, quand il s'agit de leur personne ou de leur famille, tout a été fait pour qu'ils leur assurent une vie paisible ailleurs !

Les dérives de l'actuel Président s'aggrave de plus en plus, les dernières en date, c'est quand il a appelé implicitement de voter pour le FLN 48 heures avant les élections législatives, peut-on parler de manipulation, de fraude déguisé ? Puis, la célébration du cinquantenaire de l'indépendance de l'Algérie, il l'a réduit à une célébration de ses succès de réalisation au cours des ses mandats ! Il est temps de nommer un chat un chat. Oui l'actuel président a une grande responsabilité de ce blocus politique, sociale, culturel, etc. Nous sommes dans une prison à ciel ouvert. Il est temps que le discours politique soit suivi d'acte responsable avec une éthique politique, mais également de rendre des comptes au peuple.

L'actuel Président doit prendre des mesures urgentes et pragmatiques, en premier lieu, reconnaître qu'il a fait une (des) erreur, notamment de modifier la constitution pour briquer le troisième mandat, et d'abolir cette loi, par les mêmes mécanismes de son vote, et puis, de démissionner en donnant une date précise en préparant des élections présidentielles transparentes. Et que son successeur préparera une assemblée constituante, qui mettra fin à cette illégitimité de l'Etat et de ses représentants. Sans cela, la situation s'empirera et le conflit intergénérationnel s'étendra sur plusieurs générations à venir…l'histoire nous le dira !

Les fantômes du DRS ?

« Dans ce vaste cimetière qu'est l'Algérie, où nos pas nous mène d'une tombe fermée à une autre ouverte, nous avons d'abord enterré les idées, les rêves et les mots avant d'ensevelir les corps suppliciés d'hommes, de femmes et d'enfants qui ont vécu sans rien, et sont morts pour rien ».

Une journaliste algérienne.

Je lis souvent dans la presse nationale que le DRS fait des enquêtes sur telle ou telle affaire, interroge des personnalités politiques et hauts cadres de l'Etat que la justice n'arrive pas à interroger, ni à convoquer ! DRS est-il le Ministre de la justice ? A-t-il un statu d'intouchable ? Est-il le protecteur de l'Algérie ? Est-il le garant de la constitution algérienne ? Quel est son statut juridique ?

Quand je lis les mêmes titres de presse, j'ai l'impression que le DRS échappe au contrôle de la Présidence, des institutions de l'Etat, d'ANP, du SENAT, etc. La presse le présente (DRS) comme justicier, le « Zorro » qui protège le pays des corrupteurs, des délinquants politiques, des antinationalistes, est-il le héro de la nation ? Quand, j'écoute les citoyens, le DRS a l'œil sur tout, par ses agents qui sont omniprésents sur le territoire national et international ! Sont-ils réellement partout ? L'opposition voit en DRS le malheur du pays, la chambre noire où les affaires de l'Etat sont cuisinées. Bref, tous les malheurs du pays c'est le DRS selon certaines personnalités de l'opposition ! Alors, c'est quoi ce DRS ?

C'est le 5 juillet 19907, à l'occasion des commémorations de l'indépendance du pays, que le général-major Khaled Nezzar l'avait créé. Le 4 septembre 1990, ses différentes branches sont réunies et centralisées au sein d'un organisme unique baptisé « Département du Renseignement et de la Sécurité » (DRS). La présidence de la république sous Chadli Bendjedid perd tout contrôle sur la branche « civile » de la SM (ancienne Sécurité Militaire, créée en 1962), elle sera placée sous la seule responsabilité du ministre de la défense, le général major Khaled Nezzar, à l'époque, confia le DRS au général Mohamed Mediène dit « Tewfik » et qui sera le nouveau patron de toute la nébuleuse du département de renseignement. Elle a trois grands services qui sont :

La Direction du Contre-Espionnage (DCE), dispose d'un service action, le centre de recherche et d'investigation (CRI) à Ben Aknoun, intitulé ANTAR. La mission première de la DCE, contrairement à son intitulé officiel, est de surveiller et d'infiltrer la société. Elle comporte plusieurs sous-directions et services ; la Direction Centrale de la Sécurité de l'Armée (DCSA), elle est, en principe, spécifiquement militaire, elle consiste à protéger le personnel et les infrastructures de l'armée ; et enfin, la Direction de la Documentation et de la Sécurité Extérieure (DDSE). Il gère également un grand nombre d'organismes subordonnés.

Officiellement, le DRS est sous la tutelle du ministre de l'armée national, qui est sous la direction de la Présidence ! Cependant, où se situe la zone obscure ? Est-elle dans la communication interne et externe ? Les institutions algériennes ne communiquent guère ni entre elles ni avec le monde extérieur ; la preuve aucune trace officielle du DRS sur le net. C'est à l'image de la cellule familiale, qui manque de communication entre ses membres, ce manque de communication s'étend à l'ensemble des échelles de la société, entre les générations, par exemple, mais aussi sur le plan professionnel et institutionnel.

De plus, cette absence de communication laisse la place à l'ambiguïté, et celle-ci cultive les « mythes », y compris sur cette institution, en l'occurrence DRS. Ces mythes sont divers, d'une omniprésence à une omnipotence, en passant par les traumatismes dans l'inconscient collectif. Il s'agit bien des non-dits sur les assassinats politiques, la répression et les méthodes controversées utilisées pour avoir les informations, restant jusque là étouffer par la culture de la diversion au sens de la psychologie sociale.

A force d'entendre ce même discours, le peuple se perd dans cette culture au point de l'adopter. Celle-ci, impose la culture de l'irresponsabilité et le sentiment d'impuissance, en d'autres termes être observateur d'une scène théâtrale où le peuple n'est pas invité. Peu de responsables prennent leur responsabilité en faisant un bilan de leur activité par exemple, et le publient par soucis de transparence et d'éthique.

Les enquêtes du DRS, sur les personnalités politiques et les hauts cadres de la nation, relatives à la corruption s'avers controversées, car elles discréditent le système judiciaire algérien et le fragilisent. Nous savons que sans une justice fiable et indépendante on ne peut pas parler de démocratie. Il est vrai que le système judiciaire souffre à plusieurs niveaux.

Cependant, l'unique moyen de lui donner une légitimité et de lui donner sa place dans le débat national c'est de le rendre indépendant de toutes formes de pressions. A ce jour, la volonté politique de rendre cette institution indépendante est restée prisonnière du discours politique, sans lui donner les moyens juridiques et matériels pour qu'elle soit réalisable. Ceci dit, le citoyen n'a pas confiance en ses administrateurs et politiques, car le rapport est déséquilibré et fragilisé par manque de confiance.

Est-ce que tous les malheurs de l'Algérie se réduisent à la gestion du DRS ? C'est malheureux d'entendre ce genre de discours, car se porter comme victime d'une situation, sans être acteur de son présent et de son avenir, relève de la démission. La démission est partout dans notre société et elle touche l'ensemble de ses composantes. De plus, un poste de responsabilité ne devrait pas être une propriété privée, mais comme une location, car chaque temps a sa génération, qui l'incarne.

Le DRS fait partie de la société et est le produit de l'Homme algérien. Il reflète l'image de la société. Ceci dit, il devrait prendre sa juste place, sans se mêler ou sans incarner un rôle, qu'il n'est pas en mesure de maîtriser. L'avenir de la nation est l'affaire de toute la société civile ; ce n'est pas l'affaire d'un individu ou d'une institution.

Ecole, violence et libre arbitre !

Peut-on imposer, physiquement ou moralement, à une personne de croire à une Foi ou d'adhérer à une opinion, s'il n'y croit pas ? Voilà un sujet de philo pour les lycéens ! Evidemment non ! Or sur le terrain en Algérie oui ! Car comment explique-t-on cet acharnement contre les personnes qui n'observent pas le mois du jeûne, contre les personnes qui manifestent pour les libertés, etc. Signalons que la violence ne s'est pas restée au niveau verbal, mais elle est passée à un niveau physique ! D'année en année, l'intolérance se radicalise ! Cette évolution est-elle le fruit du système éducatif algérien, des lois et/ou de la religiosité prédominante !

Est-ce possible au XXI siècles certains croyants ou citoyens y pensent que s'est légitime d'imposer leurs croyances et leurs opinions aux autres ? En lisant les commentaires sur internet dans les forums de certains journaux ou des réseaux sociaux comme Facebook, je suis stupéfié de lire une telle haine à l'égard des personnes qui ne croient pas aux valeurs dominantes en Algérie. Certains commentateurs vont même jusqu'à faire des appelles au meurtre, c'est un vrai désastre ! On n'est pas sortis de l'auberge de la violence! Au final, la violence s'est multipliée en diverses violences dans notre société. Elle n'est pas uniquement une violence contre soi par le suicide, de se brûler, etc., ou une violence de la délinquance, mais la violence dogmatique, qui s'exprime par la recherche du puritanisme.

La délinquance dans le sens qu'un délinquant pratique soit le vol (de voiture, cambriolages, etc.), soit le trafic de drogue, ou bien l'agression sur les personnes (attaque à main armée, viol, homicide). Selon le sociologue R. Fillieule8, on peut distinguer trois types de délinquance : la délinquance juvénile (l'individu isolés ou petits groupes) ; la violence urbaine (gangs, qui se propage dans plusieurs wilaya en Algérie) ; et enfin, le crime organisé (mafias organisés)

La violence dogmatique s'est ancrée chez l'individu ou le croyant en incarnant les valeurs religieuses authentiques, qui sont mal assimilées et mal déterminées généralement. Selon Kant, l'erreur et la vérité ne se distinguent pas d'après leur différence spécifique, mais seulement à la manière dont le plus petit se distingue du plus grand, il n'y a pas d'erreur absolue, mais chaque connaissance, au moment où elle naît en l'homme, est *vraie pour lui*. D'après Kant, « Remettre sur la bonne voie ne consiste qu'à faire intervenir des représentations9 qui faisaient défaut auparavant, et la vérité précédente se transforme par la suite en erreur sous le simple effet du progrès de la connaissance10 ».

La connaissance est le moteur de l'évolution d'un individu et sans elle il sera condamné à reproduire les mêmes représentations ou schémas perpétuellement. Cependant, l'orientation poursuivie par notre système éducatif est de « produire, écrit Daho Djerbal11, selon les formes désirées, un changement dans la personnalité de l'individu afin de préparer à être un membre sain de société. Avec l'éducation religieuse, poursuit-il, qui se poursuit tout au long des cycles primaire et secondaire, la formation atteint les domaines de la vie en société, de la morale et des valeurs de culture ».

Ainsi, le jeune écolier qui poursuit sa formation dans une école algérienne va vivre plusieurs antagonismes ; il sera affronté à plusieurs contradictions entre valeur de société et valeur enseignée à l'école. « Purifier le corps et protéger l'esprit, s'en remettre au maître pour atteindre le sens des choses, imiter les hommes de foi et répéter les percepts moraux et religieux, brider sinon réprimer sa sexualité, tel sont les enseignements qui vont accompagner l'adolescent dans son passage à l'âge adulte », a écrit Daho Djerbal. Le programme de philosophie, qui est censé apprendre au futur universitaire et adulte à raisonner par la connaissance, à exercer son esprit critique, à s'initier à l'argumentation, à une discipline de la méthode, à penser par lui-même et à forger une confiance en lui, en sa raison et en sa volonté, a été revu et corrigé en 1988.

Selon une étude du sociologue Omar Lardjane12, « la notion de la conscience n'est plus placée en position de fondement de l'action humaine, elle est posée comme simple objet d'une science positive (la psychologie). Le sujet, dans sa conscience comme dans sa raison, n'est plus source de savoir ni d'action, écrit-il. L'individu-sujet n'occupe plus le centre de l'interrogation existentielle (Individu- Etat, individu-famille, individu-valeur patriarcale, etc.) ». Conséquence de cet enseignement pisttaciste aliénant, à écrit la linguiste Khaoula Taleb Ibrahimi13, ils (les étudiants) perdent leur repères cognitifs car ils ne savent plus réfléchir et raisonner ». De le même ordre d'idée, Daho Djerbel14 écrit : « (…) en séparant le champ des savoirs positifs et des sciences de celui des valeurs et du sens, en imposant un univers normatif à référence transcendante, en inscrivant l'individu dans l'ordre moral répressif et ségrégationniste, on a fini par produire *l'inhumain.* »

L'échec de l'école algérienne est palpable, surtout au niveau de la transmission d'une éthique, d'une morale universelle, dans le fait d'inculquer un libre arbitre. Cependant l'absence d'une vision claire d'un projet de société d'avenir a crée un vide et celui-ci est remplie par des mythologies et des légendes, déplumé d'un raisonnement construit. S'ajoute à cela plusieurs déficits au niveau de la politique économique, sociale et culturelle poursuivis depuis l'indépendance jusqu'à ce jour.

Toute pensée qui critique ce statu quo de la société est considéré et traité d'occidentaliste, d'aller vivre ailleurs, etc. Cette violence latente, et parfois active, dans notre société n'aspire guère à un avenir meilleur. Nous assistons impuissamment à une régression pas uniquement dans la mission de base de l'école, qui est la société de demain, c'est-à-dire, la lecture, l'écriture, la socialisation, mais à l'annihilation de soi, la perte des valeurs humaine, le repli sur soi, la négation de l'autre et l'absence d'espoir. A vrai dire, la volonté éducative est une volonté d'avenir ; elle est relative non pas à une humanité d'hier, mais à l'humanité de demain. Il s'agit de préparer l'enfant d'aujourd'hui à devenir l'homme de demain. Mais, qu'en est-il de l'Algérie ?

Lettre à la femme algérienne

«Le coupable te blesse l'âme; moi, je te blesse seulement l'oreille.»

Sophocle

Si l'Islam a libéré la femme arabe de l'infanticide et lui a rendu son statut en tant que femme aux premiers siècles de son apparition, certains musulmans contemporains l'on enfermée sous un tissu, sous prétexte d'une religiosité aberrante et d'une tradition importée et révolue. Pendant des siècles, certaines civilisations se sont interrogées sur la nature de la femme tandis que d'autres affirmaient que la femme est la source du mal. Pis, elle était l'alliée du diable ! Depuis le siècle dernier, et surtout depuis la fin de la deuxième guerre mondiale, les femmes gagnent de plus en plus de droits.

Aujourd'hui, elles ont le droit d'être elles-mêmes. Pourtant ce droit d'exister en tant que femme n'est pas encore acquis dans tous les pays. Qu'en est-il des droits de la Femme chez nous ? Saviez-vous qu'en Algérie, de 1962 à 2004, la polygamie est passée de 1% à 5,8%! Ce sont les chiffres que les représentants du gouvernement ont donnés aux Nations Unies en janvier 2005, dans la revue du rapport algérien sur l'application de la Convention sur l'élimination de toutes les formes de discriminations15.

Peut-on pour autant considérer ce chiffre comme le signe de la régression des droits de la femme algérienne ou est-il le signe d'un retour aux valeurs authentiques tant réclamées par un certain courant idéologique en Algérie ? Saviez-vous que les femmes sont les premières victimes de la décennie noire, des assassinats, des viols, des mariages forcés, qu'elles sont des mères célibataires et qu'elles sont régulièrement victimes d'actes incestueux et d'infanticides ? Ces mêmes femmes sont abandonnées à leur sort car leurs parents ne veulent pas les accueillir parce qu'ils ont honte de devoir accepter que leur progéniture en est une victime. Tandis que d'autres parents acceptent de les cacher sous leur toit à une condition: pouvoir procéder à un avortement ou à l'abandon de l'enfant.

Ces femmes victimes sont parfois livrées aux réseaux de prostitution parce que l'Etat n'a pas prévu de centres pour les prendre en charge. Combien sont-elles ? Combien d'enfants sont nés dans ces conditions ? Quelle prise en charge propose-t-on à ces femmes et à ces enfants ? Aucune statistique n'a été divulguée par les autorités concernées. Les religieux interprètent ces faits comme une déviation morale, le remède étant, selon eux le retour aux sources, c'est-à-dire l'application à la lettre de la religion. Prenons l'exemple d'un fait rapporté par la presse nationale16 où une jeune fille de El Oued a été violée par un chauffeur de taxi. Supposons que cette fille tombe enceinte et devienne ainsi mère célibataire, doit-on pour autant l'accuser d'être une p... Or si elle ne souhaite pas garder cet enfant, elle ne dispose d'aucune solution légale hormis celle de la clandestinité, c'est-à-dire, se rendre dans un pays où l'avortement est légalisé. Pis, le fait qu'elle perde sa virginité la marquera à vie.

Une pratique est devenue «officieusement officielle» et consiste pour la jeune mariée à présenter à son mari un certificat de virginité en bonne et due forme. Cette pratique se normalise au fil du temps ! Quelle est la position du corps médical qui délivre ce genre de certificat ? À quelle déontologie se réfère-t-il ? Où est, dans ces conditions, le respect de la loi ? Djamila Benhabib17 s'interroge: «Lorsqu'un mari répudie sa femme pour en prendre une plus jeune en la chassant du domicile conjugal, faisant de ses propres enfants des sans-abri, est-ce ce la volonté d'Allah ou celle du mari ? Lorsqu'un mari bastonne sa femme jusqu'à la mort, est-ce la volonté d'Allah ou celle du mari ?»

En 2009, dans un ouvrage très courageux et plein de vérités, Wassila Tamzani18, avocate à Alger puis directrice des droits des femmes à l'UNESCO, expose d'une manière magistrale la condition des femmes en Algérie et dans le monde musulman. Elle fait le constat très alarmant de la situation des femmes en Algérie. La société musulmane tente de masquer leur situation sociale par des discours volontaristes et traditionnalistes tandis que les grandes démocraties essaient de se protéger en fermant les yeux sur les dépassements des dogmatistes religieux. Dès qu'on aborde la question des droits de la Femme, on nous sert cette réponse traditionnelle : «l'Islam a donné plus de droits à la Femme que les autres religions ». Certes ! Mais pragmatiquement, rien n'est fait ! Les femmes sont souvent sous la tutelle des hommes.

Certaines sont analphabètes et vivent dans des conditions déplorables. Elles sont parfois enfermées toute la journée dans un appartement, dans une petite chambre, en attendant le retour de leur mari rassuré parce qu'elle ne croisera pas d'autres hommes et qu'elle restera à l'abri de leurs regards. Ces femmes sont ainsi réduites à la procréation et aux tâches ménagères. C'est leur «Maktub» ! «Nous attendons toujours l'Égalité, écrit W. Tamzani, un demi-siècle après le début de la guerre de Libération, quarante ans après l'Indépendance, vingt ans après la démocratisation des institutions. Ce n'est jamais le moment. Un accouchement de vingt-quatre ans pour le Code de la Famille, un code insultant pour les femmes algériennes.

En réalité, il a fallu attendre que l'Algérie se vide de toutes ses utopies, que les tenants d'une morale sexuelle protohistorique s'installent dans nos villes et au pouvoir et effacent les restes de métissage colonial et de la guerre de libération, deux facteurs de modernisation de la société algérienne. Il a fallu attendre que le nationalisme identitaire l'emporte sur les rêves des enfants de l'an 1 de l'Algérie républicaine, socialiste et populaire. Le temps d'y ajouter, au creux, sa dernière épithète: musulmane»19. Si les femmes portent de plus en plus souvent le voile, c'est que la société les oblige à le porter l'enfermant à coup sûr dans un sentiment de culpabilité auquel il est difficile de faire face surtout quant on sait que l'école algérienne est vidée de toute forme d'esprit critique.

Elles sont donc victimes d'un processus d'endoctrinement depuis l'enfance. Si elles refusent de le porter, elles seront considérées comme des infidèles et la société les accusera de tous les maux. Souvenons-nous de ce qui s'est passé suite au séisme de Boumerdes en 2003: la religiosité a fait croire au peuple que le séisme s'était produit à cause des femmes qui ne portaient pas le hidjab. Depuis lors, le nombre de femmes portant le voile est en nette progression et s'étend même aux petites filles dès l'âge de trois ans !

Le mufti de la mosquée de Marseille, Souheib Benchikh, s'est prononcé contre son port: «le voile est une fausse route pour les jeunes filles. Rien dans le Coran ne leur impose d'afficher ainsi leur foi. Le voile conduit trop souvent à des comportements inquiétants, comme le refus de la mixité, de l'égalité des sexes, des cours de biologie ou de sport»20. J'ai vu récemment sur une chaine télévisuelle algérienne, des femmes septuagénaires, chantant des chansons traditionnelles, toutes voilées. J'ai été étonné autant qu'alarmé par tout ce qui se passe dans notre société. Autrefois, c'était les femmes qui conservaient nos traditions et les faisaient perdurer.

Désormais, qui va protéger notre identité culturelle ? Selon Mourad MERDACI, professeur en psychologie clinique à l'université de Constantine21: «La distorsion des normes familiales s'inscrit au tableau de comportements symptomatiques où des adolescents, encore enfants, énoncent les règles à satisfaire dans la vie familiale, voilent leurs mères et prescrivent des rites ataviques. De fait, les lignes de la filiation se sont déplacées. Les tuteurs ne sont plus les pères biologiques mais des modèles refondateurs et atypiques, séducteurs, assimilateurs et abandonniques».

Parlons du harcèlement qui est devenu une pratique courante sur les lieux de travail22.

Des hommes qui abusent de leur pouvoir hiérarchique pour faire subir aux femmes leur bestialité sexuelle. Idem en ce qui concerne le viol des femmes par leur mari. «Le voilement du corps de la femme, selon M. MERDACI, est d'essence paranoïde et d'élaboration défensive contre l'attrait charnel et l'érotisme féminin. Pour transcender la signification du corps, spécifiquement féminin, le voile désigne les sources sociales, mentales et anthropologiques de pratiques de pouvoirs, de dépossession et de domination, de licitation et d'interdiction».

Finalement, «Les femmes apprennent à travers les âges la résolution névrotique de porter les fragilités de la société. Elles transmettent aussi à leurs proches des héritages de mortification et de vies manquées. La violence contre les femmes est souvent institutionnalisée dans les formats et les maillages de protections incertaines, de réparations improbables et de dépendance surdéterminées dans la recherche d'exutoires spirituels, dans le port du voile, ou ludique et ostentatoire, dans les artifices d'une libération parente et illusoire23».

Même si l'actuel président essaye de modifier quelques textes législatifs en faveur de l'émancipation de la femme, tout cela reste lettre morte. Car le vrai changement émane de l'individu et d'une émergence d'un mouvement citoyen revendicatif mûrement réfléchi. Le mouvement féminin a besoin d'un nouveau souffle, d'un nouveau leader, d'une nouvelle génération de femmes courageuses, convaincues et déterminées. Le mouvement «Rachida» a été une belle aventure ! Il est inconcevable de parler de développement sans associer la Femme, car elle est le cœur de tout changement social. La leçon a été retenue par quelques pays asiatiques et sud américains. À quand le tour des Algériens ?

P.S. Le 25 mars 1994 était le dernier jour de l'ultimatum du GIA ordonnant aux femmes le port du hidjab. Trois jours après (le 28/03/94) Katia Bengana de Meftah, âgée de 17 ans a été sauvagement assassinée pour avoir refusé de porter le voile.

Ne l'oublions pas afin que son sacrifice ne soit pas vain !

Le politique et la pensée politique en Algérie!

« C'est la lutte (la guerre de libération nationale) pour la renaissance d'un Etat algérien sous la forme d'une république démocratique et sociale et non la restauration d'une monarchie ou d'une théocratie révolue. »

Congrès de la Soummam

Un simple observateur constatera que certains débats dans les médias publics, en particulier dans les médias d'Etat, sont vides de discours politique. Les animateurs de cette campagne sont divisés entre ceux qui soutiennent le projet de l'actuel Président et ceux qui critiquent le gouvernement, mais qui soutiennent toujours le Président ! Un double discours ! Que sera la finalité de ce charivari sans auditeurs ? L'absence du dialogue creuse l'abîme qui sépare le peuple de la classe politique et aussi entre une élite productrice et une élite abrutissante. Quelques partis de l'opposition brillent par leur absence, à force de laisser le terrain aux idées pauvres, le pays se prive d'un débat de société porteur d'un réel changement. Les citoyens qui aspirent aux valeurs républicaines et démocratiques se sentent orphelins, sans leadership.

Cependant, les valeurs républicaines ne sont pas encore ancrées dans notre société, elles sont fragiles, voire en état « de gestation embryonnaire », dans l'espace public et privé. L'appauvrissement de ces valeurs est de la responsabilité de l'Etat en premier lieu, car la politique poursuivie par l'actuel, et les précédents gouvernements, autrement dit les orientations politiques depuis l'indépendance, n'encourage guère l'enracinement de ces valeurs ni dans l'espace public, ni dans l'espace privé. Il ne peut pas exister de classe politique dans un pays où il n'existe pas de champ politique ouvert durablement, écrit l'éditorialiste du Q. Oran, et non le temps des campagnes pour les postes de députés, poursuit-il. Les citoyens, cibles présumés de ces campagnes, ne se rendent même pas compte de leur existence. Et ce n'est pas la «mobilisation» factice et rémunérée de jeunes, ce que nous verrons prochainement, selon toute probabilité, qui va changer y quelque chose ; conclut l'éditorialiste du Q. Oran24.

En second lieu, cette absence est de la responsabilité de chacun : des partis politiques, y compris l'opposition, à la société civile et tout citoyen. Les débats entamés par le parti du FFS, qui ont pris fin le 2 mars 2012, sont un bel exemple pour consulter la base afin de faire une opinion qui s'enracine et s'imprègne des idées de la base. Espérant que les débats entamés ont été réellement décisifs dans la décision finale. Néanmoins, l'expérience de ce parti pourra-t-elle relancer le débat politique ? Tirera-t-il vers le haut les autres partis ?

La pauvreté du discours politique reflète également l'impécuniosité de certains partis politiques de proposer des débats qui susciteront l'intérêt des citoyens. J'ai lu la chronique d'Amine Zaoui dans le quotidien Echourouk où il s'est interrogé sur les lectures des hommes politiques en Algérie, intéressant comme interrogation, cependant les auteurs cités dans la chronique ne sont pas forcément les penseurs de la politique, disant ils sont d'autant plus dans la pensée identitaire et nationale que dans la pensée politique. Les références de la philosophie politique moderne se trouvent dans la philosophie occidentale et ce n'est pas dans l'histoire nationale, celle-ci pourrait être un moteur et un socle commun qui mobiliseraient les citoyens à espérer à un nouveau projet de société en tirant les leçons des expériences antérieures et également ancrerait les acquis démocratiques dans l'identité nationale.

Néanmoins, l'histoire nationale ne pourrait en aucun cas faire évoluer les institutions, mais il peut les consolider par l'appartenance à une histoire commune. Sortir de la pensée affective et appauvrie par des idéologies réductrices me semble fondamental pour l'évolution de notre société. Nous trouvons des prémices d'un projet de société dans la déclaration du 1er Novembre25 et de la plate-forme de la Soummam où l'accès à la citoyenneté est fondé sur les droits et les devoirs, et ce n'est pas sur les bases ethniques. Je désignerai par ethnie les groupes d'hommes qui se vivent comme les héritiers d'une communauté historique et culturelle (souvent formulée en termes d'ascendance commune : les constantes nationales, c'est-à-dire les langues et la religion) et partagent la volonté de la maintenir. Selon Dominque Schnapper26, l'ethnie se définit par deux dimensions : la communauté historique et la spécificité culturelle.

Cependant, la Nation se distingue des groupes ethniques qui, eux, ne sont pas organisés politiquement. La Nation l'a définit « comme toute unité politique, la nation se définit par sa souveraineté qui s'exerce, à l'intérieur, pour intégrer les populations qu'elle inclut et, à l'extérieur, pour s'affirmer en tant que sujet historique dans un ordre mondial fondé sur l'existence et les relations entre nation-unités politiques. Mais sa spécificité est qu'elle intègre les populations en une communauté de citoyens, dont l'existence légitimise l'action intérieure et extérieure de l'Etat.27 »

L'attribution de la nationalité est ancrée dans l'intégration à la Nation et pas à l'ethnie. Le cas de Frantz Fanon est parlant, la presse francophone réclame son algériennité, mais quelques titres arabophones ne cessent de le présenter comme un étranger. Frantz Fanon, rappelons-le, a représenté l'Algérie au Congrès panafricain d'Accra en 1958, à la deuxième Conférence des peuples africains en janvier 1960, puis auprès de l'ONU à New York. L'élite francophone formée à la notion « de la Nation » au sens moderne se distingue de certaines élites arabophones qui n'arrivent pas à intégrer dans son évolution le concept « la Nation »28.

Finalement, la déclaration du 1er Novembre et la plate-forme de la Soummam29 étaient émancipatrices et plus proches d'un projet de société ancrée dans les valeurs républicaines, auxquels nous sommes loin aujourd'hui.

Pour en revenir à la chronique de A. Z., on peut s'interroger sur la formation de notre élite et en particulier la place accordée à la philosophie dans la préparation des nouveaux cadres et/ou élites de la nation et aussi dans le débat politique national. Dans un rapport du l'UNESCO en 2009, sur l'enseignement de la philosophie dans la région Arabe, qui conclut que la philosophie ne trouve pas sa vraie place dans l'enseignement secondaire, ni universitaire.

À ce propos, l'Algérie n'est pas en marge de ces pays, car on constate un vrai recul de l'enseignement de la philosophie dans le secondaire, qui est en réalité un prolongement de l'enseignement religieux, mais aussi à l'université, que parfois absente dans la quasi-totalité des matières scientifiques et sciences humaines. Selon Mahmoud Yakoubi : « Le problème de l'enseignement de la philosophie en Algérie n'est pas d'ordre méthodologique car il est lié à une faiblesse du niveau de connaissance des enseignants et des étudiants orientés vers cette filière. » Ceci dit, le constat est généralement biaisé par un décalage perceptible au niveau linguistique et au niveau des concepts qui impliquent les choix de projet de la société espéré.

Pour finir, dans sa « lettre à Gogol » Bielinski a écrit (1847) : « ... vous n'avez pas dit que le salut de Russie résidait non le mysticisme, l'ascétisme, ou le piétisme, mais dans les réussites de la civilisation, de l'éducation, de l'humanitarisme. Ce qu'il faut à la Russie, ce ne sont pas des sermons (elle en a assez entendu), ce ne sont pas les prières (elle n'en a que trop dit), mais que s'éveille dans le petit peuple le sentiment de la dignité humaine, enfoui et appliqués aussi rigoureusement que possible des droits et des lois conformes non aux enseignements de l'Église mais au bon sens et à la justice. » Si nous essayons de méditer ce texte et de l'adapter au cas algérien, il sera toujours d'actualité !

De la pensée unique à la pensée zéro!

« Il arrive que les décors s'écroulent »
Camus

Il semble que les oreilles des décideurs ne veulent pas écouter les détresses du peuple. Du jamais vu ! Tous les indices indiquent que le pays chemine vers une impasse, mais la pensée sclérosée de nos gouverneurs reste enclos. L'avenir des générations est dans un puits sans fond !

De quelles réformes parle-t-on ? Celles de renforcer des processus démocratiques ? Celles d'autoriser à des associations de manifester librement sans l'autorisation des pouvoirs publics ? Celles de créer de l'emploi durable? Celles des acquis sociaux ? Celles d'une présence de l'Etat dans l'espace publique ? Celles du droit au syndicat ? Celles de la stabilité de l'état et de la transparence de ses institutions?... Etc. Nous avons perdu le peu d'acquis démocratiques hérités suite aux événements d'octobre 1988. Un constat amer, mais réel, nous avançons en arrière !

Dans les années soixante-dix, nous savions que nous étions en face d'un pouvoir dictatorial, dominé par la pensée unique. L'actuel régime politique fait tout pour revenir, par nostalgie peut-être, à cette période, mais la société n'est plus la même, les peurs ne sont plus les mêmes, en bref, toutes les données socio-économiques, anthropologiques, psychologiques, politico-stratégiques ne sont plus les mêmes ! Or, nous sommes devant une situation nihiliste et absurde. Rien n'est clair, les politiques économiques, qui changent selon l'humeur des décideurs ! Aucune vision éducative, ni juridique, ni politique ! Un désastre ! Rien n'est pensé durablement, tout est pensé en urgence. Rien n'indique que les décideurs pensent à l'avenir de ce peuple. Il se pourrait qu'ils pensent plus à leur intérêt, en assurant à leur progéniture un avenir meilleur ailleurs, que de penser à l'avenir des millions de gens perdus et désespérés. Il se pourrait, également, qu'ils réfléchissent selon les modèles épuisés, avec un déni total des évolutions de la société.

Les réformes actuelles ne font que renforcer le déclin des croyances collectives et le sentiment d'impuissance devant un système verrouillé sur lui-même. Le peuple a tiré une leçon de la décennie noire, cependant, le pouvoir actuel utilise ces peurs pour prolonger l'opacité de la gestion de l'argent publique et les affaires de l'Etat, qui sont prisonnières d'une minorité opaque. Que faire devant un système qui pense par « thaghnath », entêtement, et pas par le raisonnement durable !

Tous les rapports internationaux sont alarmants, l'Algérie vient d'obtenir la 130ème position en matière de démocratie par The Economiste Intelligence Unit30. Ce classement se base sur le processus électoral et le pluralisme (le régime Algérien obtient 2.7/10), fonctionnement du gouvernement (le régime Algérien obtient 2.21/10), participation politique (le régime Algérien obtient 2.78/10), culture politique (le régime Algérien obtient 5.63/10) et libertés civiles (le régime Algérien obtient 4.41/10).

Selon ce même rapport, ce régime qui fait partie des 15 régimes autoritaires dans la région du Moyen-Orient et de l'Afrique du Nord et qui partage avec ces derniers des caractéristiques similaires : atteintes aux droits humains et absence des libertés fondamentales, corruption endémique et népotisme; petites élites qui contrôlent la majeure partie des richesses de la nation, gouvernance et prestations sociales pauvres. Autres caractéristiques : difficultés économiques et baisse du pouvoir d'achat, chômage élevé et grande inflation. Des régimes établis depuis de très longues années.

Selon L'INSEAD, l'école de commerce internationale (France), qui a publié pour l'année 2011, l'indice d'efficacité en matière d'innovation31, calculé sur la base du rapport entre ces deux sous-indices, évalue comment les économies tirent parti de leurs environnements favorables pour produire des résultats dans le domaine de l'innovation. Un classement mondial est établi englobant 125 pays. Le plus mauvais score enregistré appartient à l'Algérie qui n'a obtenu que 19,79 points, et qui dégringole logiquement à la 125ème place, soit un recul de 4 places par rapport à 2010 et de 17 places par rapport au classement de 2009.

En d'autres termes, l'Algérie représente le pays le moins performant au monde en matière d'innovation. Elle est classée derrière le Soudan (124ème), le Yémen (123ème) et le Niger (123ème). Sur le plan régional, c'est pire : l'Algérie se trouve dépassée et de loin par la Tunisie (66ème), l'Egypte (87ème), ou le Maroc (94ème).

Selon le rapport de Transparency International relatif à l'indice de perception de la corruption (IPC), rendu public le 1er décembre 201132, l'Algérie perd 7 places en passant au 112e rang sur les 183 pays concernés.

Au classement 2011 des meilleures universités au monde, réalisé annuellement par l'Université de Shanghai, aucune université algérienne ne figure dans le tableau du top 500 des universités du monde (avec 66 000 de hauts diplômés uniquement en France, sans prendre en compte les binationaux et qui sont installés depuis l'indépendance). Dans le monde arabe, l'Algérie arrive très loin derrière les universités saoudiennes, notamment la King Saud University (classée entre 201 et 300) et la King Fahd University of Petroleum & Minerals (301-400). L'université du Caire (Egypte) est classée cette année entre 401 et 500 des meilleures universités du monde.

Le reflet de ces rapports révèle que le statu quo du pays est une impasse et que cette situation ne peut se résoudre que par la douleur ou par la disparition naturelle de ces commanditaires. Nous assistons également à une capacité de ce régime à s'adapter à des nouvelles données internationales, non pas pour améliorer le quotidien du citoyen algérien, au contraire pour mieux préserver quelques privilèges et garder son emprise sur le pouvoir33. De plus, comment voulez-vous croire à la transparence des élections prochaines et l'impartialité de la justice ? Quand on lit dans la presse algérienne les dysfonctionnements de cette institution. Aucun indice ne permet de croire à une volonté effective de changement par ce régime ! Soyons patient !

La bi-nationalité : un non dit de la classe politique

Le nombre des binationaux en Algérie est en nette augmentation. Les évènements qui ont secoués le pays, les difficultés d'obtention des visas et l'instabilité politique du pays, et forcement d'autres facteurs, ont accéléré ce mouvement. Ils sont nombreux à demander la nationalité du pays d'accueil (la France, le Canada, USA, etc.). Ils sont des anciens ministres, des cadres, des anciens combattants, des femmes, des enfants et personnes âgées. Toutes catégories confondues sont à la demande d'obtention d'une autre nationalité. Certains binationaux exhibent leur statu, qui est forcement avantageux à tout égard.

En France, le chiffre disponible actuellement, au niveau consulaire, indique qu'il y a (avec une estimation) quatre millions de binationaux (franco-algérien)34. Un chiffre qui pourrait être doublé si tous les citoyens ayant le droit aux deux nationalités le réclamaient. C'est un vrai tabou dans notre société. Ce débat est mis sur la scène publique en France, pour des raisons électorales, en Algérie ce sujet, qui renvoi à un échec politique, reste un non-dit. Toutefois, la bi-nationalité est un phénomène international, qui est une suite logique du fait de la mondialisation. Nous ne sommes plus dans la logique nationaliste où l'appartenance à une nation est un droit de sang, désormais l'appartenance à une nation se fait à partir des valeurs partagées, communes, républicaines et démocratiques. La mondialisation a accéléré le mouvement migratoire et le déplacement des compétences à travers le monde.

Cette circulation du capital humain a forcement précipité le rapprochement des intérêts économiques, cependant, elle a brisé les murs, qui séparent les humains. Néanmoins, ce phénomène nécessite de facto une vigilance, car il pourrait être une source de nuisance, de lobbying et de manipulation politique. D'où l'intérêt de s'y intéresser et non pas pour le rejeter, une solution radicale et facile à prendre avec des conséquences désastreuses, mais de mettre en place un accompagnement juridique, politique et éducatif approprié.

Certains États l'interdisent35 « la double nationalité » expressément et peuvent déchoir le binational de la nationalité concernée. D'autres se contentent de ne pas reconnaître la deuxième nationalité. Et d'autres l'autorisent pleinement et simplement. Certains ne l'interdisent que pour l'exercice de certains mandats politiques ou fonctions publiques. A vrai dire, la majorité des pays autorisant la double nationalité, dont l'Algérie et la France, ne la reconnaissent pas, c'est-à-dire qu'ils considèrent leurs citoyens comme possédant à un moment donné une seule nationalité.

Comme, je l'ai souligné plus haut, la décennie noire et les difficultés d'obtention de visa ont fortement accéléré le mouvement. Cependant, ce phénomène ne date pas d'aujourd'hui, car les binationaux, en particulier les franco-algériens, se sont adaptés aux nouvelles données historiques, en l'occurrence les accords d'Evian en 1962. Sans oublié la présence des algériens dans l'ensemble des pays européens et en particulier en France depuis la première guerre mondiale. Ces algériens, qui ont grandi dans l'espoir de rentrer au pays, voient leur espérance s'éterniser, car l'instabilité du pays ne les encourage pas à y retourner.

De plus, les obstructions misent par les pays européens, à la circulation humaines entre les deux rives, ont contribué à fortiori à opter pour la binationalité pour une grande partie de la population qui vit entre les deux rives. De plus l'instabilité politique, les restrictions des libertés individuelles et le chômage font que certaines populations voudraient partir dans les pays où ces éléments sont plus au moins assurés et surtout pour offrir à leurs enfants une possibilité d'un avenir meilleur.
Certes, la binationalité est une richesse, qui offre un capital humain considérable aux deux pays respectifs et qui fait circuler les idées, les capitaux et le dialogue entre les

différentes civilisations. Cependant, il pourrait poser des interrogations au niveau de l'accompagnement juridique aux problèmes émergeants. Nous sommes devant un fait, que personne ne peut nier, il ne s'agit ni de nationalisme, ni de chauvinisme, mais il s'agit d'un phénomène qui s'adapte à une réalité « socio-administrative » imposée par les deux rives.

Encore des commissions et des promesses !

« Le changement a pour adversaire ceux qui ont bénéficié de la situation précédente et pour tiède défenseurs ceux qui ne savent pas comment tirer profit de la situation nouvelle ».

Machiavel, Le Prince.

Non Monsieur le Président, vous n'avez pas raison ! Le discours très attendu n'était, au final pour énième fois, que des promesses de commissions de projet de loi vide de substance. Rien n'a été pris en compte de la revendication sociale et politique. Cependant, nous avons vu un Président fatigué et rangé par la maladie, d'où l'interrogation sur sa capacité de gérer les affaires de l'Etat ! Les réformes annoncées n'ont ni un agenda, ni les personnes qui s'en chargent. Réduire, le malaise social, les revendications politiques à quelques réformes, qui, par le passé, n'ont rien apportées.

La levée de l'état d'urgence a-t-elle apporté un réel changement dans l'exercice des libertés ? Non. Car comment explique-t-on les répressions contre les manifestons et l'interdiction de manifestations ? La loi sur la corruption a-t-elle rapporté un changement effectif dans le rapport entre le gouverné et le gouverneur ? Non. La corruption atteint des proportions un peu plus alarmantes (pas de mot pour le qualifier), elle touche toutes les couches socioprofessionnelles, elle s'est normalisée. Pas un mot, sur les corrupteurs. Pas un mot, sur les révélations de presse nationales ou étrangères, de détournement et de placement à l'étranger, au su et au vu de tout le monde, d'argent de certains ministres, et sans aucune impunité36. Pas un mot, sur la dilapidation de l'argent publique ? Etc.

Les fonctionnaires, les familles de victimes du terrorisme, les gardes communaux et les étudiants, les policiers radiés, les employés des directions de l'urbanisme et de la construction (DUC) et ceux des directions du logement et des équipements publics (DLEP), les étudiants en pharmacie, les travailleurs des communes, les professionnels de la santé, les journalistes, etc. sont tous en protestation. En plus, des protestations politiques.

Cette effervescence citoyenne ne cesse de s'élargir à d'autres catégories sociales et professionnelles. Pendant ce temps, notre Président occulte complètement tous ces mouvements. Attend-t-il des protestations plus revendicatrices et violentes ou une deuxième guerre civile ? Tous ses ministres pourtant parlent à son nom et ils nous le rappellent, à chaque fois, qu'ils exécutent son projet politique. D'où on s'interroge, pourquoi le Président n'a pas dit pas un seul mot sur les retards accumulés dans les réalisations des grands projets nationaux ? Aucun compte rendu des commissions n'a été publié et n'a été pris en considération ?

Comment explique-t-il qu'aucune réforme n'a abouti? Comment explique-t-il le retard cumulé par la société algérienne en ce qui concerne les libertés individuelles, des médias, etc. ? Pourquoi n'a-t-il pas réagit aux propositions des personnalités politiques importantes et des intellectuels, qui ne cessent de l'interpeler par la presse ? Pourquoi n'a-t-il pas réagit face à ces milliers de manifestants qui revendiquent leurs droits devant son siège ? Pourquoi ne nous informe t'il pas de son état de santé ? Etc. Le peuple est à bout de souffle et ne veut pas d'une seconde guerre civile, cependant, il ne peut pas assister à la dilapidation de l'argent publique, sous couvert de la solidarité nationale, sans dire un mot.

Décidemment la volonté de maintien du pouvoir prévalut (l'emporte) sur la stabilité des institutions de l'Etat et sur le renouvellement générationnel ? De plus, « l'organisation de sa succession d'une manière à ce que le pouvoir n'échappe pas à son clan et que le système qu'il a mis en place soit pérennisé37 » prime sur les réformes politiques sérieuses, transparentes et qui inclus tous les courants politiques, y compris les exclus des débats publiques.

Nous assistons à une aphonie agonisante et un désintéressement débrident, qui laisseront des séquelles incessantes et des problèmes aux générations futures. Des générations, qui semblent abandonnées à leur sort. Cette occultation sera-t-elle une porte ouverte à toute forme de dérive républicaine ? Que faudra-t-il faire devant ce sentiment d'abandon, qui gagne de plus en plus les cœurs des citoyens algériens. Le peuple Algérien avait-il autre solution ? Son destin est entre ses mains.

Réformes à la calandre grecque!

← Tout le monde est d'accord qu'il faut un changement (pour les puristes et ou les réformes, pour les modérés). Un consensus national, de tous les courants politiques confondus. Cependant, en quoi consistent ces réformes ? Réformer quoi exactement ! Des hommes, des institutions, l'opposition, les citoyens ! Ces réformes, à qui seront-elles adressées ? Au peuple, à l'étranger pour redorer l'image d'une classe politique au pouvoir ! Au générations futures ! Tout est à imaginer. pourquoi pas ! Tous les citoyens algériens ne souhaitent pas revivre la décennie noire. L'entêtement des politiques et leur aveuglement nous mènent souvent au même point pour recommencer une autre fois. Le décalage et l'autisme abasourdissant de la classe dirigeante va droit au mûr. Nulle réforme ou changement ne pourrait aboutir si nos politiques, y compris l'opposition, n'arrivent pas à avoir une vision claire de l'avenir du pays, en associant le peuple à choisir son destin. Nous sommes devant un silence sans précédant, tout le monde attend quoi exactement ? Que sais-je ?

← Les réformes annoncées ne sont qu'une rhétorique démocratique pour rassurer les partenaires étrangers qui ne sont pas dupes, à lire les notes de wikileaks! Quand ces politiques veulent annoncer des réformes, ils le font souvent dans les médias étrangers, ainsi ces réformes leurs seront destinées ! Comment voulez-vous croire à des réformes faites avec les mêmes hommes qui n'ont pas réussi à venir à bout de leurs projets ? Comment voulez-vous croire à l'honnêteté de ces réformes et de ces hommes qui portent ces projets ? Quand on lit dans la presse nationale, que la corruption est le moteur de ces réformes, sans aucune suite judiciaire (une impunité totale !).

← La grande partie de la population et de la classe politique ne croit pas à ces réformes conditionnées. L'état d'urgence est levé, mais qu'a-t-il apporté comme changement dans la vie politique en Algérie ? Ils annoncent l'ouverture des médias aux opposants ! Y a-t-il un grain de changement de l'unique (ENTV) et ses cinq clones ? Les réformes économiques, éducatives, judicaires, institutionnelles, etc., verront-elles enfin le jour ? Une instabilité à tout niveau ! Le résultat de ce statu quo s'est traduit par le manque de visibilité économique, l'instabilité politique, la fuite des cadres de la nation et le recule des libertés publiques. « L'algériennité » est menacée dans ses fondements, nous assistons à une perdition de nos valeurs et de nos us et coutumes, sans bouger un doigt ! L'incertitude et l'anarchie se généralisent, la haine se creuse, la violence s'accentue, l'insécurité se ressent même chez soi.

Ainsi, cette situation illustre aujourd'hui, comme l'a écrit le sociologue Lahouari Addi38, la routine bureaucratique qui a pris le dessus dans le pays (les pays arabes) et des dispositifs autoritaires qui empêchent le multipartisme de produire ses effets sur la vie institutionnelle.

De plus, la fragilisation des institutions prive les citoyens, les opposants, les investisseurs, les associations, de leviers pour faire valoir leurs droits et résister à un régime opaque et clientéliste.

← L'expérience Brésilienne ou Indienne révèle que la volonté portée par des hommes politiques de construire un état de droit est possible. Nous devons prendre exemple de ces expériences. Ma conviction est que: ni la « révolution », ni le désintéressement « savant » pourront sortir le pays de cette situation morose. L'homme politique algérien est corrompu, y compris ceux qui sont dans l'opposition. Cette corruption s'est normalisée dans la pratique au quotidien et elle est endogène à l'exercice politique. La solution est dans l'éthique politique, animée d'une volonté de la classe dirigeante, de faire appel à l'intelligence algérienne capable de relever le défit et de leur céder la place. Je rêve, peut-être !

La liberté des consciences en Algérie !

« La tolérance s'exerce dans la différence »

Nous avons célébré la cinquantième année de la déclaration du premier novembre cinquante quatre, mais l'esprit de cette déclaration s'est atrophié nettement, concernant les libertés de consciences et notre société s'éloigne de plus en plus de celles-ci. Il ne suffit que de la lire !

Il y a de quoi écrire sur la liberté des consciences dans notre pays. La situation est devenue insupportable au fur et à mesure ! Une fille qui sort avec une jupe ne cesse d'être harcelée, avant d'être traitée de « prostituée » ! Des Bars qui ferment leurs rideaux sous prétexte de non respect d'hygiène ! Des débits de boissons alcoolisées sont priés de plier bagages, sous prétexte des bagarres et de la nuisance provoquée dans ces lieux !, etc. La méthode utilisée est simple, quelques titres de presse et quelques prêcheurs des mosquées font pression, en présentant ces lieux comme lieux de débauche et les personnes, qui les fréquentent, comme voyous, ou renégats, etc.

Bref, des personnes qui ne respectent pas la loi de dieu ! Par la suite, les riverains manifestent en dénonçant la situation qui déborde ! Pire encore, même dans votre espace intime vous n'êtes pas épargné. C'est le cas des jeunes chrétiens qui n'ont pas respecté l'observation du mois de jeûne ou le cas du jeune S. K d'Oran, qui a été arrêté sous dénonciation d'un voisin qui l'a accusé d'avoir insulté le Prophète Mohammed39! Enfin, la justice est appliquée selon la loi « du plus fort » et pas selon le texte de loi ! Voilà les valeurs de tolérance, enseignées ou transmises dans notre société ! Une réalité qui nous rattrape à notre insu !

Peut-on imaginer qu'un jour des écrivains comme Kateb Yacine et Rachid Boudjadera, qui affichent leurs penchants idéologiques et leurs critiques à l'égard des religions, y compris l'Islam, seront accusés de trahison à l'égard des valeurs de la nation ? Et pourtant, les intellectuels qui pensent comme eux ne manquent pas, or ils choisissent la loi du silence et l'hypocrisie ! Le débat sur la religion est complètement occulté dans notre société. Un silence quasi-unanime, la peur est intériorisée par nos élites, et les empêche de s'exprimer ouvertement sur leurs convictions profondes. L'espace d'expression libre (c'est-à-dire d'exprimer ses convictions religieuses ou idéologiques, etc.) n'existe plus à force de le céder.

Ainsi, l'héritage des partis communistes algériens, avant et après l'indépendance est entré dans la case de l'histoire ancienne. Peut-on dire aujourd'hui que nous sommes communiste, agnostique, chrétiens, etc. ? Et pourtant, ce droit est protégé par la loi de la République Algérienne, inscrite dans la nouvelle constitution et aussi dans la déclaration du 1er Novembre. Pour éviter une pseudo « division nationale », on préfère l'uniformisme religieux et linguistique en piétinant toutes les valeurs ancestrales et l'héritage historique, culturel, linguistique, religieux, etc., spécifique à chaque région de notre pays. Le chemin de la pensée unique est en route!

Notre objectif est de protéger les valeurs républicaines, dont la majorité des hommes politiques et les partis politiques omettent de parler. Oui, à l'instant où j'écris ce papier, rare sont les partis de la coalition ou les partis du fond religieux et/ou nationaliste qui en parlent ! Et rares sont celles qui les défendent ?

Pourquoi ne pourrions nous pas imaginer que le FLN, RND, HMS, etc., défendent ce jeune S.K d'Oran au nom des valeurs de la république ? Pourquoi pas !

Les minorités religieuses en Algérie et «l'occidentophobie»

L'Algérie a garanti aux chrétiens l'exercice de leur culte en toute liberté et sérénité dans les lieux destinés à cet effet, conformément à l'ordonnance régissant l'exercice des cultes, promulguée en 2006»40, a dit le ministre des Affaires religieuses et des Wakfs, lors d'un colloque organisé à Alger sur la liberté de culte en février 2010. Il précise qu'en Algérie, depuis 1962, «il y a 15 000 associations religieuses, dont même des organisations juives». Le proverbe dit : «Fais comme chez toi, mais n'oublie pas que tu es chez moi.»

Ce proverbe peut s'appliquer à cette fameuse loi de février 2006. Quand le ministre parle de 15 000 associations religieuses, il oublie de préciser combien d'associations algériennes de cultes chrétien et judaïque sont agrémentées. Quand il dit que l'Algérie a garanti aux chrétiens l'exercice de leur culte, il oublie également de préciser que ces chrétiens sont les chrétiens étrangers mais pas les chrétiens algériens.

Car, comment explique-t-il les refus d'agrément pour les chrétiens évangéliques ainsi que la diabolisation et le lynchage médiatique infligés à ces derniers ? Comment explique-t-il qu'une jeune fille qui porte dans son sac un Evangile, suite à un contrôle de police, a été accusée de prosélytisme ? Comment explique-t-il le refus des visas aux hommes de l'eglise qui veulent se rendre en Algérie ?41 Comment explique-t-il qu'un prêtre qui célèbre une messe de Noël en plein air à Maghnia, faute d'espace pour les immigrants subsahariens, a été accusé de prosélytisme ? Finalement, tout le monde peut être accusé à tort ou à raison de prosélytisme, et cette loi en question n'est qu'un exemple de cette liberté conditionnée. Elle est en contradiction avec la Constitution algérienne qui garantit les libertés de consciences. On peut s'interroger sur le rôle du Conseil constitutionnel : cette institution est malheureusement réduite à l'acceptation des candidats aux élections présidentielles et sa validation !

En outre, quand il affirme que la société algérienne «est tolérante et n'attente aucunement à la liberté d'autrui, chrétiens et juifs compris»42. Il s'agit également ici du chrétien étranger et pas du chrétien algérien. Honnêtement, pensez-vous, chers lecteurs, qu'un chrétien algérien sera accepté par sa société. Les convertis sont souvent considérés comme des «chercheurs de visa», après avoir été considérés pendant la période coloniale comme des «chercheurs de pain» ! Les autorités religieuses n'arrivent pas à accepter l'idée que des citoyens issus de la religion musulmane se convertissent à une autre religion. L'idée de trouver sa voie ou d'avoir la foi dans une autre confession semble déranger les schémas de croyances répandues.

En ce qui concerne les juifs algériens, combien sont-ils ? Pourriez-vous imaginer qu'une synagogue soit ouverte en Algérie ? Quelle serait la réaction des Algériens ? Pourtant, il existe des synagogues à Dubaï, au Maroc, en Tunisie, en Egypte, en Jordanie, etc.

Les Algériens seraient-ils plus ultramusulmans que les autres ? La question des juifs est souvent réduite à la crise du Proche-Orient ; or il faut souligner que les juifs algériens sont des autochtones de cette terre et qu'ils ont aussi une histoire dans notre pays, qu'on le veuille ou non, tout comme les descendants de l'Andalousie ! Il est de notre devoir de sauvegarder ce patrimoine identitaire et culturel qui fait partie intégrante du nôtre. Dire que notre société est tolérante me semble être un canular.

En effet, comment expliquer que des jeunes ne respectant pas la pratique du Ramadhan se soient retrouvés au commissariat pour non respect du culte ! Comment expliquer que durant ce même mois, des Algériens se soient vu interdits d'être servis dans des grands hôtels ? Comment explique-t-on la fermeture des bars et des lieux de plaisances ? Comment explique-t-on le fait que les femmes ne portant pas le voile ou qui vivent seules43 soient harcelées dans certains villes et quartiers algériens ? La société algérienne est tolérante, oui, mais à condition que tous les algériens soient de la même religion et qu'ils parlent tous la même langue.

Heureusement que tous mes compatriotes ne partagent pas cette vision, cependant, leur nombre décroît constamment. La question de l'autocensure est un phénomène qui prend tellement d'ampleur parmi notre élite que chacun en vient à s'imposer des lignes rouges. On ne peut plus critiquer la religion ni même les pratiques traditionnelles, on ne peut plus aborder des questions de société sans être accusé d'occidentaliste, voire même d'ennemi extérieur. Le débat sur la peine de mort n'est qu'un exemple parmi tant d'autres. Quand Louisa Hanoune, chef du parti des travailleurs, donne son avis sur la question, le chef du MSP ne trouve pas mieux que de lui demander «de se convertir».44 Le MSP est, me semble-t-il, un parti politique et non pas une institution religieuse. Le plus grave, c'est que lorsque Mme Hanoune lui demande de choisir entre la politique et la roukia45, M. Soltani répond qu'elle enfonce «l'Islam et pas seulement lui»46. C'est, je pense, un glissement sémantique très dangereux !

Cependant, quand il s'agit du voile ou de la barbe pour le passeport biométrique, là M. Soltani évoque le respect des libertés individuelles.47 Sans commentaire…! Parler de l'islamophobie, c'est très facile surtout quand on sait que les musulmans possèdent une liberté d'expression à la fois dans les pays occidentaux et dans leurs propres pays. Il y a une exagération dans l'interprétation et également une manipulation médiatique quand il s'agit de l'islamophobie. Comme l'a écrit Mohammed Arkoun48 : «Cette perversion gagne de larges pans dans toutes les sociétés ; elle conditionne l'interprétation de soi et de l'autre, un soi victimisé et un autre diabolisé à l'extrême dans une dialectique que tant de faits de la vie quotidienne (…) exaspèrent chaque jour.»

Cependant, quand il s'agit de parler des débordements commis à l'encontre des minorités vivant sur notre sol, cela relève souvent, selon eux, de la manipulation des pays occidentaux et c'est considéré comme une ingérence dans les affaires intérieures. Il existe bel et bien ce que je nomme une «occidentophobie», c'est-à-dire un rejet permanent de tout ce qui est issu de la société occidentale, s'accompagnant d'une accusation et d'une diabolisation permanente de cet occident. Pourtant, il ne s'agit ici que d'un échange d'intérêts communs ! Les pays dits occidentaux savent bien ce qu'ils veulent, contrairement à nous qui n'arrivons pas à élaborer un projet de société émanant de notre histoire et qui respecte notre identité millénaire tout en s'enracinant dans les valeurs universelles.

Depuis l'indépendance, nos autorités officielles réclament notre appartenance aux valeurs religieuses et linguistiques du Moyen-Orient. Mais en quoi cette appartenance nous a-t-elle été utile ? En quoi est-elle prolifique ? N'est-il pas temps que nous réfléchissions un peu sur l'intérêt de notre propre nation ? Depuis les années quatre-vingt, l'école algérienne enferme nos concitoyens dans l'intolérance et nous récoltons les fruits de ce choix idéologique. Un simple visiteur se rendra compte que notre société est intolérante envers ses citoyens et tous ceux qui pensent différemment.

Cette Algérie qui s'enferme sur elle-même est le produit d'un long processus d'idéologisation imposé au nom des valeurs authentiques. Il est temps qu'on s'interroge réellement sur cette notion de «liberté des consciences» dans notre société !

La liberté des consciences en Algérie !

« La tolérance s'exerce dans la différence »

Nous avons célébré la cinquantième année de la déclaration du premier novembre cinquante quatre, mais l'esprit de cette déclaration s'est atrophié nettement, concernant les libertés de consciences et notre société s'éloigne de plus en plus de celles-ci. Il ne suffit que de la lire !

Il y a de quoi écrire sur la liberté des consciences dans notre pays. La situation est devenue insupportable au fur et à mesure ! Une fille qui sort avec une jupe ne cesse d'être harcelée, avant d'être traitée de « prostituée » ! Des Bars qui ferment leurs rideaux sous prétexte de non respect d'hygiène ! Des débits de boissons alcoolisées sont priés de plier bagages, sous prétexte des bagarres et de la nuisance provoquée dans ces lieux !, etc. La méthode utilisée est simple, quelques titres de presse et quelques prêcheurs des mosquées font pression, en présentant ces lieux comme lieux de débauche et les personnes, qui les fréquentent, comme voyous, ou renégats, etc.

Bref, des personnes qui ne respectent pas la loi de dieu ! Par la suite, les riverains manifestent en dénonçant la situation qui déborde ! Pire encore, même dans votre espace intime vous n'êtes pas épargné. C'est le cas des jeunes chrétiens qui n'ont pas respecté l'observation du mois de jeûne ou le cas du jeune S. K d'Oran, qui a été arrêté sous dénonciation d'un voisin qui l'a accusé d'avoir insulté le Prophète Mohammed49! Enfin, la justice est appliquée selon la loi « du plus fort » et pas selon le texte de loi ! Voilà les valeurs de tolérance, enseignées ou transmises dans notre société ! Une réalité qui nous rattrape à notre insu !

Peut-on imaginer qu'un jour des écrivains comme Kateb Yacine et Rachid Boudjadera, qui affichent leurs penchants idéologiques et leurs critiques à l'égard des religions, y compris l'Islam, seront accusés de trahison à l'égard des valeurs de la nation ? Et pourtant, les intellectuels qui pensent comme eux ne manquent pas, or ils choisissent la loi du silence et l'hypocrisie ! Le débat sur la religion est complètement occulté dans notre société. Un silence quasi-unanime, la peur est intériorisée par nos élites, et les empêche de s'exprimer ouvertement sur leurs convictions profondes. L'espace d'expression libre (c'est-à-dire d'exprimer ses convictions religieuses ou idéologiques, etc.) n'existe plus à force de le céder.

Ainsi, l'héritage du partis communiste algérien, avant et après l'indépendance est entré dans la case de l'histoire ancienne. Peut-on dire aujourd'hui que nous sommes communiste, agnostique, chrétiens, etc. ? Et pourtant, ce droit est protégé par la loi de la République Algérienne, inscrite dans la nouvelle constitution et aussi dans la déclaration du 1er Novembre.

Pour éviter une pseudo « division nationale », on préfère l'uniformisme religieux et linguistique en piétinant toutes les valeurs ancestrales et l'héritage historique, culturel, linguistique, religieux, etc., spécifique à chaque région de notre pays. Le chemin de la pensée unique est en route!

Notre objectif est de protéger les valeurs républicaines, dont la majorité des hommes politiques et les partis politiques omettent de parler. Oui, à l'instant où j'écris ce papier, rare sont les partis de la coalition ou les partis du fond religieux et/ou nationaliste qui en parlent ! Et rares sont celles qui les défendent ? Pourquoi ne pourrions nous pas imaginer que le FLN, RND, HMS, etc., défendent ce jeune S.K d'Oran au nom des valeurs de la république ? Pourquoi pas !

La boisson alcoolisée en Algérie : entre tabou et hypocrisie

« Que sert d'interdire ce qu'on ne peut pas empêcher »

André Gide

Aucune loi n'interdit de boire d'alcool en Algérie, ni de le commercialiser, ni de le produire ! Mais qu'en est-il sur le terrain ? « Plus aucun bar n'existe à Constantine. Ni à Chlef, Tlemcen, Batna ou Boumerdès. A Sétif, il n'en reste plus que deux. A Alger, réputée autrefois pour ses nombreux bistrots, une quinzaine seulement subsiste. Le 23 janvier, deux des plus vieux estaminets bien connus dans la capitale algérienne, la Butte et la Toison d'or, ont baissé leur rideau50 ». Les uns après les autres, les bars ferment en cédant la place aux bars informels, qui commercialisent sans aucun respect des passants, ni pour la nature, en jetant les cannettes et bouteilles de verre dans les espaces publics, aucune hygiène pour les consommateurs, ainsi cette situation contredit la volonté du Ministère du commerce (2006), qui a mis une « note » pour imposer aux débits de boisson de se mettre en conformité avec les règles de sécurité et de renouveler chaque année leur inscription sur le registre de commerce.

Six ans après, que se passe-t-il ? Nombreux sont les propriétaires de bars, qui ont perdu leur agrément, sans espoir de le récupérer. Beaucoup, parmi eux, ont préféré se transformer en fast-food. En plus, des pétitions populaires de résidents protestants contre les nuisances que généreraient les bars, appuyées par la médiatisation de certains titres de presses connus par leur ligne éditorial. Cependant, la violence et l'insécurité s'est multipliée et elle s'est étendue à d'autres espaces, jusque là épargné.

L'Algérie se glisse-elle vers la prohibition ?

En moyenne, selon l'APAB, les Algériens consomment 1,1 million d'hectolitres de bière par an, 500 000 hectolitres de vin, et 80 000 à 100 000 hectolitres de spiritueux. Elle a produit 400 000 hectolitres en 2007, et en 2012, selon Euromonitor International51, La production de vin en Algérie a connu une augmentation de l'ordre de 3% en 2011. L'Algérie était le premier exportateur au monde et le quatrième plus gros producteur de vin, il y a 50 ans, avec un volume de 18 millions d'hectolitres52, cette production apporte des sommes considérables en devises qui entraient(ent) dans les caisses de l'Etat, après l'or noire. Malgré la fermeture des bars, la production de vin n'a pas été affectée ; au contraire, selon le leader mondial dans la recherche stratégie pour les marchés de consommation, celle-ci a progressé.

Comment explique-t-on cette antinomie ? Plusieurs facteurs qui peuvent expliquer ce phénomène, d'une part le problème est idéologique au niveau individuel (la morale religieuse) et d'autre part le changement générationnel, qui est en forte corrélation avec le premier facteur, mais également en lien avec le savoir faire dans le domaine. Cependant, l'idée répondu dans notre société est que boire l'alcool pour oublier quelques instants ses problèmes et ce n'est pas une question gastronomique. Ainsi, l'augmentation de la consommation est plus en lien aux malaises et les évolutions multidimensionnels (culturel, social, économique, etc.) qui secouent la société algérienne. Autrement dit, l'alcool est devenu comme une issue pour alléger les souffrances et les frustrations quotidiennes. L'alcool et le cannabisme sont devenus des consommations qui traduisent le mal-être de l'Algérien. Des études sociologiques pourraient nous éclairer sur ce phénomène.

Pour répondre à la question si l'Algérie glisse vers la prohibition, la réponse est oui et non. Car sur le plan législatif rien ne l'interdit, mais sur le plan social, société, effectivement avec l'arrivée d'une nouvelle génération qui n'a pas vécu la différence ni dans l'espace privé, ni dans l'espace publique, se glisse vers des comportements hypocrites, c'est-à-dire, d'un côté une consommation clandestine, d'ailleurs comme la question de la prostitution et la consommation du cannabis !, pour alléger leur mal-être et de l'autre côté une moralisation religieuse pour satisfaire sa culpabilité de « pécheur ».

Morale religieuse et valeurs républicaines.

Effectivement, quand on écoute le wali d'Alger, lors d'une conférence en octobre dernier et qui a expliqué qu'il n'y a aucune politique du gouvernement ni des autorités locales visant l'éradication du commerce des boissons alcoolisées et spiritueux. Jusque-là rien de bien extraordinaire, avant d'ajouter que «Seul Dieu, qu'il me pardonne d'ailleurs, sait le nombre de licences que j'ai délivrées personnellement pour l'ouverture de nouveaux restaurants commercialisant des boissons alcoolisées.»53. Un autre exemple d'une juge à Alger, rapporté par un chroniqueur judiciaire54, en s'adressant à deux jeunes ivrognes pris la veille de l'Aïd El Kebir à El-Biar, elle leur a dit : «Ecoutez, en qualité de juge chargée d'appliquer la loi, je peux passer à la répression et vous infliger une lourde peine d'emprisonnement ferme qui s'achèvera bien un jour.

Par contre, ce qui vous attend, c'est la punition qu'Allah vous réserve. D'ailleurs Il n'a pas attendu: vous étiez ivres le jour d'Arafat, soit la veille du 10 Dou El Hidjaie les dix jours sacrés où l'interdit et le péché ne doivent pas avoir de place. Vous aviez raté la prière de l'Aïd, la cérémonie du Sacrifice des moutons que vous gardiez quelques heures auparavant et vous n'avez reçu aucun vœu de vos parents ni présenté les vôtres aux proches, sans compter que vous aviez passé la fête aux «Quatre- Ha d'El Harrach».

Les deux exemples montrent l'évolution de la moralisation religieuse dans notre société. La morale religieuse n'est plus astreinte au niveau individuel et cultuel dans la société algérienne, elle est devenue l'essence de la gestion de la cité et des rapports sociaux, ceci explique le recul des partis politiques de tendance religieuse dans les deux dernières élections. Car leur projet de société n'est plus exclusivement à eux, mais désormais il s'est popularisé. Autrement dit, le projet d'une société religieuse s'est étendu aux partis populaires et nationalistes. La religion s'est politisée, ainsi, elle est omniprésente dans l'espace politique. Travailler la sécularisation des institutions de la république reste une lettre morte.

L'Alcool et la violence :

« Le nombre de crimes ne cesse d'augmenter, les bagarres sont de plus en plus nombreuses entre consommateurs d'alcools et habitants honnêtes des quartiers (...) En hausse, le nombre des personnes atteintes de diabète trouve son origine dans la prolifération des magasins de vente de vins et liqueurs », écrivent Abdelfatah Zeraoui Hamadache et El Hachemi Sahnouni, dans un communiqué commun rendu public mardi 4 octobre 201155. Réduire le phénomène de la violence en Algérie à la consommation d'alcool me semble être une réflexion simplifiée et simpliste, elle ne prend guère en compte l'ensemble des facteurs qui engendrent la violence, dont la décennie noire ! Ainsi, les causes de la violence en Algérie sont multiples du politique à l'historique, en passant par le dogmatique et l'évolution sociale ! La violence n'est pas une malédiction divine, elle est le produit de l'homme !

Un petit rappel historique s'impose, dans des années soixante jusqu'aux années quatre-vingt dix, les boissons alcoolisées se vendaient dans les « souk el fellah » sans poser aucun problème aux algériens. Les bars et les terrasses étaient grandes ouvertes, sans aucun débordement. Comment explique-t-on la baisse du crime et de la violence à cette époque ? Y a-t-il quelque chose qui a changé ? Oui le nombre de bars s'est réduit et les espaces de vente se sont centralisés dans certaines villes uniquement.

Cependant, contrairement à ce que les autorités prétendent, la violence a augmenté. La solution ne se trouve pas dans l'interdiction, ni dans la fermeture des bars, mais au contraire, à mon avis, il faut multiplier les point de ventes pour mieux les maitriser sur tous les plans, écologique, sécuritaires, sanitaire et enfin au niveau fiscale.

Car, c'est bien d'être idéaliste de penser que la politique répressive pourrait donner des résultats, au contraire, la répression peut augmenter la consommation, l'interdiction augmente la clandestinité et redouble le désir, comme dit G. Bataille. La voie répressive suivie jusqu'à maintenant dans plusieurs domaines l'exemple de la loi des harraga, sur les conversions, la consommation d'alcool, la sécurité routière, etc., n'ont pas réussi à faire baisser les phénomènes interdits, au contraire, ils l'ont fait augmenter, ainsi qu'un sentiment d'injustice s'amplifie. Réfléchir à associer l'université par des études sociologiques avant d'entamer un projet de loi, ou d'un décret ou d'une note, quand il s'agit d'un phénomène social me semble plus judicieux et plus porteur à long terme, car avancer d'un seul point de vu mène souvent à l'échec !

L'art et la culture à l'école algérienne

« Nous accédons à ce que l'on appelle penser si nous-même pensons. Pour qu'une telle tentative réussisse nous devons être prêts à apprendre la pensée. »

Martin Heidegger, In Qu'appelle-t-on penser ?

A quoi sert une salle du cinéma, du théâtre et du spectacle quand il n'y pas a de spectateur ? A quoi sert un musé quand il n'a pas de visiteurs ? Peu importe la somme d'argent allouer à ce service si les intéressés ne sont pas sensibilisés à l'acte culturel, à la beauté et à l'art en générale. Il s'agit du citoyen algérien, car, à mon sens, la culture n'est pas une question de bâtiment ou d'une exposition, car la culture en Algérie est réservée à une minorité d'initiés, mais il s'agit bel est bien, de l'Homme et de l'Art. L'art s'adresse à l'intellect, en l'occurrence à la création, à l'imagination et (en amant de) à la pensée.

Qu'on le veuille ou non, l'Etat se trouve au cœur de toute réflexion sur la culture. L'Etat a donc administré la culture. Elle a bâti des budgets, réglé des conflits sociaux, préparer des loi et des décrets, rendu des arbitrages, nommé des responsables, inventé des procédures, moderniser les structure, bref tout ce qui est l'ordinaire de l'administration. Cependant, l'Etat est incapable de mettre une politique culturelle durable. Khalida Toumi, ex-ministre de la Culture, a réussi à donner une certaine énergie à ce secteur, même avec toutes les critiques qu'on peut à lui rapprocher, concernant les budgets, les libertés, etc.

Néanmoins, il y a des espaces culturelles qui se réaniment, qui vivent un peu. Il y a des spectacles, qui se professionnalisent, de plus en plus. Cependant, le tout n'est pas uniquement une question d'infrastructure, toutefois, il y a la question de la formation, la qualité des œuvres d'arts, tout domaine confondu, et la liberté de la création, et enfin le spectateur, c'est-à-dire, l'accès à l'art n'est pas initié à l'école, il est plus dans la transmission familiale. Il y a une crise de spectateur en Algérie ! Parfois, une pièce de théâtre est présentée pour une dizaine de personnes uniquement, voire même moins. Un grand parti d'algériens ont déserté les salles de spectacles, parfois insensible à l'Art. Cette insensibilité est perceptible au quotidien : dans l'habillement, l'architecture, les incivilités, etc.

En Algérie, les espaces culturelles sont réduites « à la maison de la culture », « maison de jeunes » et à des festivités sporadiques et/ou estivales. Néanmoins, il me semble qu'il existe une confusion entre la culture et la politique culturelle. Celle-ci ne risque-t-elle pas étouffer la culture, ne serait-ce qu'en raison d'une logique permanente qui conduit toujours la culture à trahir la politique et les artistes, les écrivains, etc., à s'insurger contre le pouvoir ? Il est impensable d'envisager une politique culturelle sans offrir un environnement de liberté, c'est la condition sin quo non pour assurer une la durabilité de la création. Ceci dit, cet espace de liberté s'appuie sur une culture démocratique, en l'occurrence avec des institutions qui respectent les lois constitutionnelles et qui n'abdiquent pas devant d'autres formes de loi.

Que faire ? Doit-on mener des politiques culturelles sans qu'elle soit enracine dans la pratique culturelle ? Doit-on continuer à se plaindre de l'absence des salles de spectacles, sans penser à la qualité et à la gestion de ces salles (le parking, les toilette, la restauration, etc.) ? Doit-on construire des espaces culturelles pour qu'ils soient vides plus tard ? Doit-on laisser nos sites archéologiques délabrés, sans aucune clôture, ni surveillance, livrés à l'abondance ? Etc. **Non** !
On devrait réconcilier l'école à l'Art et à la culture en Algérie, car il s'agit d'un processus long et d'une politique culturelle pour l'avenir de la nation, mais et surtout,

c'est le seul moyen pour préserver la culture elle-même, voire même notre identité culturelle ! Il est difficile d'aborder la question culturelle sur une génération, car elle est l'affaire de plusieurs générations. Ainsi le meilleur investissement c'est l'école, qui assure la transmission transgénérationnel.

L'art et la culture, y compris la culture scientifique et technique, sont de puissants vecteurs de liberté, d'émancipation individuelle et d'intégration sociale. C'est pourquoi l'École doit contribuer à faire découvrir aux élèves la variété des richesses culturelles et, plus encore, à éveiller leur sensibilité artistique et créatrice. Sans quoi, la seule prise en charge par les familles ou le monde associatif est facteur d'importantes inégalités.

L'éducation artistique et culturelle doit être une priorité de la politique éducative. Elle devrait être menée d'abord à l'école. Car elle s'adresse à l'intelligence sensible, trop souvent négligée, en faisant appel à des démarches nouvelles et concrètes qui mettent l'accent sur la réalisation de projets artistiques dans l'école. Elle offre aux enfants des expériences qui mettent en valeur l'émotion dans une grande variété de moyens d'expression.

De plus, les pratiques artistiques sont essentielles pour la formation de l'esprit. Elles font partie des acquisitions les plus fondamentales et concourent à la maîtrise des langages. Les arts et la culture sont un chemin d'accès privilégié aux savoirs et une motivation pour apprendre. Pour cela, nous pensons que un politique éducative à l'art et à la culture est urgente et à ce titre nous proposons :

- la généralisation de l'enseignement de la culture et de l'art à l'ensemble des enfants du préscolaire à la terminale ;
-
- la diversification des domaines artistiques ;

- associer les espaces culturelle à l'éducation national : qui pourrait se traduire par des coopération permanant, comme par exemple aller voir un filme au cinéma, un pièce de théâtre, un spectacle de danse, au musée, au site archéologique, etc., comme une activité scolaire et pas comme un loisir ;
-
- L'école doit s'ouvrir au monde culturel en invitant des acteurs culturels dans leur établissement (un écrivain, un artistes, etc.) ;
-
- Une démarche pédagogique est nécessaire pour donner un sens à l'œuvre, car une pièce de théâtre ou un tableau ce n'est pas uniquement un spectacle, mais il est d'abord une œuvre qui mérite méditation, explication, afin de saisir son sens et les conditions de sa création.
-

A terme de cette réflexion, on ne peut pas envisager une politique culturelle sans un projet étudié sur plusieurs années. Ainsi, la formation est la substance de tout projet, d'où l'importance de créer ou d'ouvrir des spécialités d'Arts dans les différentes universités, d'un part pour les préparer à l'enseignement primaire, secondaire ou universitaire et d'autre part pour assurer des nouveaux artistes, réalisateur, écrivains, comédiens, des critiques d'arts, etc. Un autre point que j'ai pas abordé, c'est la question commerciale de la culture, car elle est une industrie, qui crée des emplois, mais ceci une autre histoire.

B. Sansal et le malentendu !

Il y a la critique, il y a le malentendu et entre les deux, il pourrait y avoir le déni ! Le dernier ouvrage de Boualam Sansal, Gouverner au nom d'Allah, a suscité des débats controversés par le contenu de l'ouvrage et des réactions virulentes à propos de sa médiatisation, plus exactement dans les médias francophones, en particulier les propos de l'auteur sur le sujet de l'islamisme. J'ai lu l'article de Yassin Temlali (El Watan du 09/11/2013) avec intérêt, car la question ne réside pas en la personne de B. Sansal, mais dans les idées exposées par ce dernier. Yassin Temlali aborde deux idées majeures dans son texte, d'une part, les déclarations de B. Sansal et, d'autre part, la place de l'intellectuel dans la société, même si cette question est associée aux entretiens que B. Sansal a accordés aux médias, y compris El Watan dans la même édition.

Y. Temlali a écrit : « Si Boualem Sansal s'est mué, comme par enchantement, en politologue, historien et islamologue, c'est principalement grâce à la complaisance de certains médias français de grande diffusion. Sans leur étonnante indulgence, il ne se serait pas bombardé spécialiste d'une région aussi vaste que ce brumeux '' monde arabo-musulman'', dont il ne parle probablement aucune des langues (à part l'arabe algérien) et qu'il n'a jamais (ou presque) visité sinon pour prêcher la '' paix israélo-palestinienne'' depuis une ville occupée, Jérusalem ». Il semble que Monsieur Temlali n'a pas encore lu l'ouvrage, car à la page 11, l'auteur écrit que son texte n'est pas un traité académique et qu'il n'est ni historien, ni philosophe, et son livre n'est ni une investigation journalistique et n'est pas du tout un essai d'islamologie. Il s'agit bel et bien d'une opinion et d'un témoignage d'un écrivain sur les mutations de sa société et celles qu'il côtoie.

De plus, il témoigne de l'incursion de l'islamisme dans la vie sociale au quotidien. Certes, le discours de B. Sansal est areligieux, lui-même se déclare athée56. Cependant, nous savons que les médias, d'ici ou d'ailleurs, cherchent souvent les opinions plus réactionnaires et parfois radicales, pour augmenter leur audience et leur tirage ! De plus, cette liberté de critiquer les religions n'est pas encore acquise dans notre société, pour plusieurs facteurs, que tout lecteur peut deviner, et empêche d'y aller sur ce terrain, comme l'ont écrit Y. Temlali et B. Sansal, des intellectuels ont été assassinés lâchement pour leur idée et leur encagement : Tahar Djaout, Boucebsi et d'autres personnalités brillantes.

B. Sansal épuise son imaginaire dans les deux sujets majeurs : l'histoire contemporaine de l'Algérie et le phénomène de la religiosité et ceci depuis son premier roman. Son premier essai interrogeait ses compatriotes algériens sur leur histoire, leur identité et leur idéal, son deuxième essai aborde la question du phénomène de religiosité et ses effets dévastateurs. Ceci dit, quand Y. Temlali doute de la capacité de B. Sansal de parler la langue arabe et son droit de traiter sur le sujet concernant le Monde arabe m'intrigue ! Doit-on maîtriser la langue arabe pour parler de l'Islam ou des évènements qui secouent cette région du monde ? En ce cas, les philosophies, les chercheurs européens ou américains ne peuvent-ils pas écrire, réfléchir sur l'Islam, l'islamisme, l'histoire arabe, etc., car ils ne parlent pas, ne lisent pas, n'écrivent pas en arabe ! Cependant, le nombre d'ouvrages et d'études sur le sujet dans les universités dites occidentales sont à foison !

Souvent la question de la visite de Sansal en Israël est mise en avant par certains auteurs et intellectuels algériens, mais aussi arabes, comme une trahison à l'idéal commun sacralisé, en l'occurrence la cause palestinienne. L'auteur est toujours libre de jouir de sa liberté, mais aussi de l'assumer. La politique de boycott a-t-elle porté ses fruits ? A-t-elle fait avancer la cause ? J'ai en tête une histoire d'un jeune garçon qui ne cessait d'envoyer des lettres à sa bien-aimée, à force, sa promise s'est mariée avec le facteur ! Je veux dire par là à force de défendre « la cause palestinienne », on l'épouse en oubliant le peuple palestinien ! A force de boycotter, ce sont les pays arabes qui s'isolent !

Quant à la question de l'islamisation, les faits sont là, les nier est un déni, car l'islamisation de la société est acquise. Plusieurs chercheurs en sociologie, en psychologie, en anthropologie, le disent. Des gestes du quotidien se sont islamisés, le bonjour s'est muté en Salam Alikoum, etc. Prenons l'exemple du rituel de l'enterrement et du deuil qui est désormais célébré dans la tradition canonique islamisé, sans prendre l'aspect culturel en compte (Cf. A. Moussaoui, de la Violence en Algérie, Ed. Acte Sud, 2006). Il y a vingt ans on pouvait aborder la question de la laïcité, débattre sur les sujets comme la place du hidjab dans l'espace public par exemple, cependant, peut-on en parler aujourd'hui dans les rassemblements publics ?

Le cas de Kateb Yassine est une autre leçon à retenir, un auteur de cette envergure et avec l'amour démesuré pour son pays, à sa mort des voies islamistes réclamaient qu'il ne soit pas enterré dans son pays, tout simplement à cause de son athéisme ! Les exemples ne manquent pas, car des élites qui se permettent de critiquer ou de dire à contrevérité de la pensée dominante se sont généralement isolées, et ce phénomène n'est pas spécifique à l'Algérie, il est de plus en plus envahissant, y compris dans les pays européens ! Il était plus facile d'afficher ses critiques à la religion dans les années quatre-vingts qu'aujourd'hui. Un ami médecin m'a confié qu'il n'avait jamais imaginé que la question des libertés régressera à tel point depuis l'indépendance à nos jours !

Certes il y a eu des résistances de la part de quelques mouvements, cependant leur effet s'éteigne, à fur à mesure ces mouvements perdent le terrain, car souvent sont affrontés à deux pôles de contestation : la religiosité et le nationalisme ! Le discours du mouvement démocratique algérien est un exemple vivant de cette mutation !

Cependant, certains intellectuels qui restent enfermés dans leur bulle idéaliste ou conceptuelle ne sont pas écoutés, car leurs idées s'expriment dans des espaces élitistes, de plus leur débat reste au stade défensive et pas dans la réflexion critique constructive, comme l'a écrit Rédha Malek : « La récurrence des mêmes thèmes chez ces '' penseurs '', qui ne sont en fait que des commentateurs du Coran, pratiquant une herméneutique matinée de moralisme, d'apologétique, de pieux conseil.

Le problème aujourd'hui n'est pas de produire des penseurs pieux, avides de défendre l'islam en mettant en relief ses valeurs humanistes, civilisationnelles, universalistes, etc., mais d'accéder à une pensée qui se pense elle-même, une pensée qui évolue dans sa sphère propre, une pensée autonome qui pense dans le radical et qui travaille dans le fondamental. Il n'est pas question de substituer une doctrine complète au Coran, mais de laisser à l'esprit humain la latitude d'interpréter le monde et de proposer des solutions de fond aux problèmes de l'existence et de la vie sociale... »

La République et les nouvelles technologies de l'information et de la communication (NTIC) : ACTE II

Nous assistons à l'émergence d'une nouvelle forme de communication lors de cette élection. Les informations et la désinformation font le plein des réseaux sociaux, et les sites d'informations. Les mécanismes jadis n'ont plus d'influence. Il fut une époque où l'information est contrôlée par le parti unique, ce n'est plus le cas aujourd'hui. Les nouvelles technologies ont remué les pratiques politiques employées habituellement. Les élections présidentielles de 2014 ont bel et bien renforcé l'idée du lien, qui existe entre la politique et les nouvelles technologies de l'information et de la communication (NTIC), en conséquence l'internet. Ces liens peuvent susciter à la fois matière à inquiétudes et à réjouissances. En fait, on peut regrouper trois idées phares qui peuvent nous aider à comprendre les liens entre politique et NTIC.

Une première s'appuie sur la pensée postmoderne; le cyberespace serait une manifestation de la société postmoderne, fragmentée et sans frontières, déterminées qui accélère la mondialisation et l'universalisation des valeurs humaines. On compare en effet la multitude des réseaux, ou plutôt leur potentiel et leur rapidité à s'adapter aux évolutions, à la difficulté croissante pour les États de légiférer et réglementer dans un monde global ; la porosité des frontières et la multiplicité des enjeux de nature supranationale rendraient obsolète ou franchement inefficace l'action des États dans certains domaines (environnement, liberté d'expression, etc.). On relie aussi la multiplicité des identités cybernétiques à des interrogations plus vastes portant sur les difficultés d'appartenance ou à l'enferment ethnique, territoriale ou linguistique qui concernent les sociétés de certains pays.

Une deuxième idée phare concerne une sorte de revitalisation de la *démocratie* dans les sociétés, une amélioration de la société et une transformation sociale. Ce discours renvoie à plusieurs objectifs que rendraient possibles les NTIC : un potentiel de délibération accru, menant à des prises de décision collective, et une efficacité croissante de l'État (mais quand l'Etat existe avec ses institutions, qui jouent leur rôle destinée). Ces réalisations dépendraient de l'interactivité, de l'accès à l'information, de la transmission à haut débit et des systèmes automatisés de transmission de l'information.

Ce courant de pensée prend appui sur l'idéologie de la communication, c'est-à-dire sur l'idée que la plupart des problèmes sociaux et politiques viennent d'un manque de communication et que la solution à ces problèmes se trouve essentiellement dans l'implantation de nouvelles structures de communication et d'information. Des expressions comme le «village global» ou la «société de l'information» abondamment utilisées, reflètent bien l'idéologie de la communication.

Enfin, une troisième idée phare se rapporte au contrôle et à la surveillance résultant de l'usage des NTIC par les administrations gouvernementales. Les objectifs visés consistent en une gestion plus efficace, une connaissance accrue des «clientèles» par l'appartement des banques de données, une application plus stricte de la loi. Les résultats de certaines expériences gouvernementales des NTIC montrent que, contrairement au modèle athénien, le contrôle et la surveillance constituent des logiques structurant l'activité étatique électronique. La *démocratie* s'en trouve d'autant plus perdante que le contrôle qu'exercent les fonctionnaires sur l'information dans les processus d'élaboration des politiques publiques leur donne un avantage sur les élus et les citoyens.

Concernant l'Algérie, comme je l'ai souligné plus haut, la dynamique des réseaux sociaux se généralise de plus en plus. L'information n'est plus otage d'un poigner des gouverneurs, désormais, l'information est publique, accessible à l'ensemble des citoyens, ainsi la manipulation pourrait se réduire, lorsqu'on sait que le nombre de personne qui se connecte à l'internet est en net évolution dans notre société. La compagne de dénonciation sur la toile s'est amplifiée et les pratiques frauduleuses sont dénoncées avec image et vidéo, elle ne laisse aucun doute sur les faits. Ceci dit, cette dynamique de dénonciation est en état fœtal, elle nécessite une maturation et une organisation, que seront à mon avis vite rattraper dès qu'il y a une volonté d'y aller de l'avant...

Y a-t-il une opposition en Algérie ?

L'opposition politique en Algérie a-t-elle réellement d'impact sur la décision politique de l'actuel pouvoir (système) ? L'opposition politique a-t-elle les moyens et l'influence pour drainer les citoyens algériens ou les masses populaires afin d'entamer un réel changement ? L'opposition politique a-t-elle un projet politique pour sortir de cette crise ? L'opposition politique a-t-elle tiré des leçons de ses multiples échecs ? L'opposition politique s'est-elle enracinée dans les zones les plus reculées du pays ? L'opposition politique pourra-t-elle réellement déminer les obstacles qui entravent l'émergence d'une force, d'une opposition politique cohérente et influente, émanant d'une volonté populaire ?

Depuis l'indépendance, voire avant l'indépendance, l'ensemble des initiatives ou les tentatives politiques de l'opposition ont été échouées. Les tentatives de mener le changement de l'intérieur du pouvoir ont été avortées ; celles qui proposent le changement de haut en bas ont subi l'échec ; celles qui ont pensé que par la violence tout sera réglée ont fait traîner le pays dans une période la plus sombre dans notre histoire contemporaine, etc.

Pourquoi ? Deux facteurs peuvent expliquer ces échecs, d'une part, les facteurs exogènes et, d'autre part, les facteurs endogènes. Concernant les facteurs exogènes ; le système politique algérien, comme dans les pays semblables, n'a pas donné une place à l'opposition ou une pensée autre que la sienne. Dès l'indépendance, l'opposition s'est fait exclure de la décision politique. Du jour au lendemain, les acteurs principaux de la révolution se sont retrouvés dans l'opposition, leur seul appui était la légitimité révolutionnaire. Ces pionniers d'oppositions politiques ont été forcés à l'exil (intérieur ou extérieur) et d'autres ont choisi d'intégrer le système, et enfin d'autres ont résisté sans faire de bruit, sans parler de ceux qui sont morts dans des conditions mystérieuses ! Quelques mouvements de révolte ont marqué l'histoire contemporaine, mais sans avoir de suites réelles, car au fond le fonctionnement est le même, c'est-à-dire les révoltes ont été guidées par l'injustice sociale et le partage de la rente, et non par un désir de construire une république, avec des institutions fortes et des valeurs républicaines partagées.

A quelques exceptions près: la question identitaire et les évènements de 88. L'identité de la nation algérienne s'est constitue par la guerre de libération nationale, qui est le socle commun de la nation algérienne. Ce socle devrait être sacralisé, car l'utiliser ou le remettre en cause serait une menace à l'unité nationale. Cependant, l'étudier et critiquer les faits historiques l'enrichiraient et le rendraient humain. Désormais, la légitimité révolutionnaire n'a plus de place, de ce fait, le changement ne pourrait pas être justifié au nom de cette légitimité ! Au nom de quoi doit-on espérer ce changement ! Uniquement par un projet de société qui assure la stabilité des institutions, en conséquence le pays, et le développement.

Les facteurs endogènes, même s'ils sont multiples, je me limiterai ici à la question du « leadership » ou du « zaïm ». J'avoue que le « zaïmisme » mine l'ensemble des organisations sociales, économiques, politiques, etc. Il est l'une des sources de l'instabilité de notre pays. Ce phénomène est observé au niveau familial, associatif, des partis politiques, etc. Il me semble qu'il y a deux dimensions qui pourraient expliquer ce phénomène, d'une part la dimension culturelle et d'autre part la dimension psychologique.

La dimension culturelle se manifeste par notre rapport à la force, et en conséquence la place occupée par le chef : le chef de la famille, de la tribu, du village, et de la zaouïa, etc., ont joué et jouent encore un rôle clé dans le rapport de force et l'équilibre sociale.

Certes, l'influence d'autrefois n'est plus d'actualité, mais quand il y a une crise dans la région ces repères sociaux émergent, comme un moyen d'apaisement. Ils peuvent être utilisés en politique, comme moyen de pression ou de propagande, comme nous l'avons observé lors de chaque échéance électorale. On trouve le même fonctionnement dans la cellule familiale. Ce rapport à la force est inculqué depuis l'enfance. Dans la tradition patriarcale le père incarne l'autorité, et souvent il y a confusion entre l'autorité et l'autoritarisme. Plusieurs études en psychologie ont montré que l'enfant généralement reproduit le même modèle social que ses parents, de plus, il pourrait reproduire la violence subie au cours de sa vie à d'autres personnes.

La culture patriarcale perdure, cependant, nous assistons au renversement des rôles (changement d'acteurs), le pouvoir et la place du père sont pris par le frère, le gendre, le cousin, etc., valorisés par leur poste du travail occupé, leur revenu, leur influence et par leurs capacités à utiliser les réseaux indispensables à l'acquisition de biens et services distribués par l'État ou acquis par le marché, comme l'a écrit H. Addi.

Néanmoins, la logique patriarcale reste toujours la même, c'est-à-dire il y a un rapport de force entre le dominant et le dominé. Cette culture patriarcale, ou cette structure de pensée dominante, persiste sous différentes formes, mais en même temps elle n'est pas rigide. Elle est constitutive de normes qui s'adaptent et qui se modifient dans les interactions conflictuelles de la vie quotidienne. Ainsi, dans la dualité, dominant/dominé, la femme, de plus en plus, occupe une place modérant ou une source du conflit, selon son âge, la place qu'elle occupe dans la cellule familiale57. « Le changement le plus spectaculaire, selon H. Addi, est l'intronisation de la mère au détriment du père dans la gestion quotidienne et dans la prise de décision importantes : mariages, divorces, pèlerinage à la Mecque, achats de mobilier, etc., autant de décisions appartiennent désormais à la mère ».

Il me semble que la culture du dialogue est rompue au sein de la famille et au niveau de la cité. Cette rupture a réduit les lieux d'échange et de débat contradictoire. Jadis ces espaces étaient assurés par Thadjamathe, Djamaâ, les conseils du village ou même de l'aârche, etc., désormais les débats sont réduits à la critique des projets politiques que le pouvoir propose. Autrement dit, c'est toujours le pouvoir qu'est le chef d'orchestre !

Contradictoirement, tout le monde l'attend pour le critiquer par la suite ! Les exemples ne manquent pas, je ne suis pas étonné de voir le nombre de partis, qui poussent comme des champignons ! Celle-ci éclaircit l'exemple de la guerre de leaderships. On crée des partis politiques autour d'une personne et pas au nom des idées partagées ou projet commun ! Nous avons trois courants dominants en politique en Algérie : républicain, nationaliste et partis religieux. La multiplication des partis n'est pas uniquement une manipulation du pouvoir, mais elle est aussi la conséquence de cette recherche permanente d'être « chef ». Au contraire, il me semble que le pouvoir l'a compris, qu'il peut l'utiliser comme moyen pour déstabiliser tout regroupement sérieux, qui menacerait son équilibre ! Tant que cette « malédiction » de leadership est présente, l'opposition ne fera pas peur au pouvoir !

La dimension psychologique serait en lien avec l'origine rurale de notre société. Il est important de souligner que les colonisateurs ont tout fait pour que la majorité des Algériens puissent vivre dans des zones éloignées de l'espace citadin. De plus, la classe bourgeoise était minoritaire à l'époque coloniale, et après l'indépendance une grande partie a rejoint « la métropole », pour plusieurs raisons. Nous y reviendrons dans d'autres textes.

A l'indépendance, les politiques choisies n'ont pas permis l'émergence d'une culture citadine, au contraire, comme l'ont déjà souligné plusieurs chercheurs, c'est l'inverse qu'est arrivé, c'est-à-dire la ruralisation de l'espace citadin, ceci n'est pas uniquement au niveau de l'espace, mais au niveau de la manière de pensée. Nos villes sont devenues des grands villages ! Ces mutations ont également touché l'espace rurale, qui a perdu son identité. Que se passe-t-il au niveau psychologique ? Toute personne éprouve un besoin d'être reconnu, c'est humain. Cette reconnaissance prendrait son importance surtout quand on passe d'un milieu à un autre (pauvre/riche, village/ville, civile/militaire, etc.). De plus, l'absence de l'esprit critique, qui n'est pas assez ancré dans notre système éducatif et dans l'espace culturel, aurait renforcé « le besoin de reconnaissance », archaïque.

Ainsi, avoir une responsabilité au sein d'une administration, d'une association, d'un parti politique (je préfère le terme d'association politique à la notion de parti politique), etc., sont perçus comme un signe de réussite sociale, et en conséquence, il pourrait en bénéficier des avantages financiers où autres. Parfois au niveau psychologique, une confusion est faite entre leur vision et leur poste de responsabilité, ils fonctionnent en termes de subjectivité et non en termes d'objectivité. La preuve, quand il y a échec souvent il est associé à soi, comme une blessure personnelle, comme si sa réussite est menacée. Certains modes de pensée traditionnelle s'opèrent pour les éradiquer !

De plus, l'ensemble de leur décision n'émane pas des lois constitutionnelles, mais selon les lois personnelles. La dérive, c'est quand il s'identifie à l'institution. Au fond la bureaucratie et la corruption, etc., seraient en partie renforcées par les pratiques culturelles dans notre société. Le pouvoir n'a pas affiché une volonté de les éradiquer, car d'une part ceci le déstabilisera, mais aussi il ne peut pas le faire sans l'apport culturel, qui nécessitera une culturelle citoyenne. Cependant, le pouvoir a réussi à instaurer la corruption pour l'utiliser comme moyen de pression.
L'échec de l'opposition n'est pas le fruit de la manipulation du pouvoir mais il est aussi le produit d'une logique culture !

Qu'en pensez-vous?

C'est un phénomène qui prend de l'ampleur dans la société algérienne. Pour rappel historique, en 1963 Ben Bella avait interdit de vendre la boisson alcoolisée au algériens, cette mesure n'a pas eu l'écho escompté dans les grandes villes, mais dans des petites villes, oui ! Cependant, la vente de l'alcool était autorisé même dans les grand espace commercial jusqu'à l'année 1990, avant l'arrivé du FIS (Front Islamique de Salut) au pouvoir politique. Depuis, nous assistons à la réduction des espaces de vente et de consommation d'alcool, pas par manque de clientèle, mais c'est l'arrivé de l'islamisation dans la société.

Cependant, ce phénomène de fermeture des Bar et des point de vent des boissons alcoolisé s'est accéléré depuis que le ministre du commerce a émis une note en 2006 pour imposer aux débits de boissons de se mettre en conformité avec les règles de sécurité et de renouveler chaque année leur inscription sur le registre de commerce. Ceci n'est qu'un prétexte pour réduire le nombre de Bar et de restaurants qui servent des boissons alcoolisées, car souvent en leur refuse de renouveler leur registre de commerce. Résultats plus de bar à Constantine, à Chlef, à Tlemcen, à Batna ou à Boumerdès. A Sétif, il n'en reste plus que deux.

A Alger, autrefois réputée pour ses nombreux bistrots, une quinzaine seulement subsistent. Le 23 janvier 2012, deux des plus vieux estaminets bien connus dans la capitale algérienne, la Butte et la Toison d'or, ont baissé leur rideau. Une situation que l'actuel premier ministre l'a dénoncée, lors de la dernière rencontre avec les préfets (walis).

Des statiques parlent de 2000 débits de boissons alcoolisées (bars, bars-restaurants et dépôts) fermés, uniquement depuis 2003. Il faut savoir que l'Algérie est un pays producteur de vin et aussi de la Bière (la production est uniquement pour le marché national, de plus l'importation, qui est très importante). La fermetures des ces débits a fait monter le nombre des points de ventes clandestins, qui engendre forcement beaucoup de problème, au niveau de sécurité et d'hygiène.

Est-ce vrai qu'il y a des pétitions à Alger qui exigent la fermeture de bars?

Oui c'est un phénomène qui a accéléré la fermeture des Bars, il y a un mois un groupe de salafistes récoltait des signatures pour la fermeture d'une taverne et d'un bar en plein centre d'Alger, à côté de la Cathédrale du Sacré Cœur, sous prétexte de nuisance provoquée, la violence le bruits tout prétexte est valable ! Il y a eu un mouvement de citoyen, qui a réussi de s'organiser pour faire échouer leur manipulation. Cependant, ce n'est pas le cas dans les autres régions du pays. Il est important de signaler que quelques titres de la presse arabophone contribuent, à leur niveau, en donnant l'écho à ces pétitions et souvent suivi d'un discours moralisateur (manipulation morale) ! Ces titres de presses sont connus pour leur proximité des « frères musulmans » Egyptien.

De plus, les prêche des mosquées, qui justifie la fermeture des débits des boissons alcoolisés par la monté de la violence autour des ces lieux de vente ! Ceci montre que les valeurs d'un état religieux prennent place des valeurs citoyennes. L'actuel Président n'a rien fait pour inculquer et renforcer les valeurs citoyennes dans notre société, cependant, sa seule obsession est le maintien du pouvoir au profit du pourrissement de la cité.

Pourriez-vous m'expliquer la notion de "haram"? En Allemagne, les gens sont très soucieux lorsqu'ils entendent le mot "salafiste". Ce groupe est perçu comme un danger. Mais c'est quoi comme militants? Quel but défendent-ils?

Le mot "haram" c'est l'équivalant dans le religion chrétienne le péché, qui signifie c'est tous ceux que Dieu et le prophète Mohammed a interdit. Il est important de distinguer les concepts entre les deux religions chrétienne et musulmane, si l'Evangile est une parole révélée par Dieu (le Père), dans le Coran c'est une parole dicter par Dieu, j'ai explique longuement ça dans mon livre « l'Algérie en Attente ». Ainsi, le « haram » prend un sens très conflictuel, surtout quand il s'heurte à la culture locale. Ceci dit, en Algérie le mot « haram » s'est généralisé depuis des années 90, où les islamistes ont modifié les relations sociales traditionnelles algériennes.

En outre, l'arabisation irréfléchie et la dogmatisation religieuse du système éducatifs, et en particulier des sciences humaines en Algérie (arabisé à 100% depuis 1987), ont facilité la propagation de leur idiologie. Les études sociologique le confirme, 40% des élus FIS aux élections locales sont des instituteurs, ceci n'est qu'un exemple de l'islamisation de la société algérienne.

A mon avis, il n'y a pas une distinction entre les islamistes modérés et les salafistes. Quand on creuse, ils ont le même objectif, c'est d'instaurer la loi de Dieu (la Charia) comme mode de gouvernance. Ils se distinguent par la méthode utilisée pour arriver à cette fin. Les salifistes affichent publiquement leurs convictions, cependant les modérées réussissent à les dissimuler.

Selon vous, est-ce qu'il y a une tendance d'islamisation en Algérie?

L'islamisation de la société est déjà faite dans les esprits, comme il a dit un homme politique algérien : « si les islamistes gagne un jour le pouvoir, ils vont chômé, car tout a été islamisé par le FLN (le partis au pouvoir) ». Cette islamisation nous la vivions chaque jour, du bonjour qui devenu « Salam alikum » à la manière de sa habiller. Les Chrétiens, les athées, les laïcs sont confronté quotidiennement à ce phénomène. L'exemple des manifestants à Tizi Ouzou qui ont mangé en plein jour, lors du ramadhan, en publique, pour dénoncé les pression qui subisssent aux quotidiens. Ils ont été diabolisé, et certains intellectuels les considéré comme de criminel et de provocateur, et portant leur démarche est un acte citoyen, garantie par la constitution, et qui a pour but de défendre les valeurs républicaines.

Cependant, nos assistons l'émergences d'une nouvelle génération qui défend plus les valeurs religieuses que les valeurs citoyennes. Quel sera l'Algérie dans 20 ans une républiques des citoyens ou celle des croyants ! Le temps nous le dira …

Quand l'Islam porte sa croix ?

Il n'est plus étonnant de voir les mouvements comme celui de Daech (l'acronyme arabe de l'Etat Islamique en arabe), qui sème la terreur dans les entrailles de la population des pays touchés, conquit les villes, sans réelle résistance, et impose la « loi religieuse », tant idéalisée par les fidèles acharnés. Ce mouvement n'est qu'une partie visible de l'iceberg des mouvements fanatiques, qui nichent dans les pays qui ne prenaient pas de résolution pour faire face à ce phénomène. Ce dogme ne date pas d'aujourd'hui, il est le fruit d'un enchaînement de facteurs endogènes à la culture religieuse et exogènes pour contrôler la manne pétrolière !

Ces mouvements fanatiques ont mis en pratique tout un système pour observer ses recommandations, comme nous l'avons déjà observé en Algérie dans les années 90, en Afghanistan, dans le nord du Mali, en Somalie, en Syrie, en Lybie, en Egypte, avec des crans variables, cependant, le dogme reste le même, c'est-à-dire, le mythe « d'un Etat Islamique ». En procédant, de la même manière, vider les populations qui font les différences (l'altérité), détruire les traces historiques des autres civilisations, etc., et enfin imposer par la suite des « lois totalitaires ». Toutes les méthodes sont « hallal » pour atteindre l'objectif. Ils s'adaptent au modes de gouvernances, dans un monde vidé de l'autorité, de la spiritualité et/ou les idéologies politiques sont épuisées, désormais, ils incarnent un idéal de « justice divine » pour les personnes désorientées !

Si Daech, comme le prétend certains intellectuels, est une création des pays occidentaux, ces accusations seraient grave pour les pays arabe et non pour les pays occidentaux, car on ne peut pas les accuser de sauvegarder leur intérêt ! Cependant, pourquoi les finance-t-ils ? Pourquoi leur ouvre-t-on des espaces pour leurs prêches mortifères, par les chaînes télés pour propager leurs doctrines et leurs affreuses images barbares d'un autre âge ? D'où épuisent-t-ils leur dogme, n'est-ce pas dans les ouvrages et les prêches diffusés (CD, cassettes audio, etc.) dans certains milieux de cultes et dans certains espaces culturels !

C'est facile d'être victime de son histoire sans l'incarner ! Nous sommes victime de ce que nous ne faisons pas. Si certains musulmans se sentent victimes de la manipulation des occidentaux, ceci ne serait que le résultat de leur démission, car ils n'espéraient pas aux changements, ils ne voudraient pas prendre la responsabilité de leur histoire, ils préfèrent la subir que de la construire ! L'ensemble des mouvements dites de la révolution, où le « printemps arabe », n'est que des révoltes, qui réclament de partager « les bénéfices de la manne » et de la dignité légitime. Cependant, pas d'un Etat de droit, pas des institutions fortes, pas de séparation des pouvoirs, etc. Est-ce par ignorance ou par la lâcheté ?

Ceci dit, tant que l'Islam est entre les mains des fanatiques, la religion musulmane renverra l'image d'une religion déshumanisante. Tant que les fanatiques parleront au nom de l'Islam les mythes « apocryphes » resteront des rêves à réaliser et un idéal à suivre ? Combien de temps fallait-il pour que les musulmans réagissent ? Pas rabâcher les mêmes discours sur les siècles des lumières, incarnés par l'Andalouse, mais des nouvelles pensées qui intègrent l'évolution de l'Homme moderne (universel) et elles peuvent donner un souffle marquant pour les générations futures, sur quoi les musulmans peuvent construire des Etats de droit.

Le problème aujourd'hui, écrit Réda Malek, ancien premier ministre algérien, n'est pas de produire des penseurs pieux, avides de défendre l'islam en mettant en relief ses valeurs humanistes, civilisationnelles, universalistes, etc., mais d'accéder à une pensée qui se pense elle-même, une pensée qui évolue dans sa sphère propre, une pensée autonome qui pense dans le radical et qui travaille dans le fondamental. Il n'est pas question de substituer une doctrine complète au Coran, mais de laisser à l'esprit humain la latitude d'interpréter le monde et de proposer des solutions de fond aux problèmes de l'existence et de la vie sociale.

A quand un Islam qui intègre dans son dogme, la non supériorité sur les autres religions et que « le salut » existe dans les autres confessions et qu'il est une voie comme d'autre religion monothéiste ou autres ? A quand un Islam qui pratique « la tolérance active », c'est-à-dire pas uniquement dans les discours mais dans les pratiques quotidiennes. A quand un Islam, qui profiterait de l'évolution des sciences humaines, pour tamiser les mythes cultivés durant des siècles, afin d'exercer la pensée critique aux textes sacrés et à la tradition religieuse? A quand une lecture rationnelle des textes religieux et pas une lecture guerrière ? Ce sont l'ensemble des questions et d'autres qui restent suspendues, sans prendre le courage suffisant pour les débattre, lorsqu'ils en échangeront, nous parlerions d'une révolution, mais en attendant, le chemin de croix s'annonce douloureux et pourrait perdurer quelques années, si ce n'est pas des siècles.

L'Imam et le citoyen !

Le décret n°13-377 publié dans le journal officiel (N°58) du 18/11/2013, portant sur le statut de la mosquée, vient de passer comme une lettre à la poste sans susciter de débats, à part quelques titres dans la presse francophone. Ainsi, la mosquée n'est plus uniquement un lieu de culte religieux, mais « elle est (en plus) une institution religieuse et sociale qui assure une mission de service public. Elle a pour objectif de promouvoir les valeurs de la religion musulmane. » (Art.2).

De plus, ses fonctions se sont élargies « dans la vie spirituelle, éducative, scientifique, culturelle et sociale de la vie de la Oumma. » (Art.4). Pis, l'article 9 qui réglemente la fonction sociale de la mosquée, « qui consiste notamment : au règlement des différends entre les citoyens ; au développement du sens civique, de l'esprit citoyen et de la solidarité sociale. », est en contradiction avec la constitution algérienne. Ceci dit, la mosquée selon ce décret peut subordonner la mairie (APC), la justice, les services sociaux, l'école, etc.

Doit-on s'alarmer ou s'en féliciter de cette évolution ? Un homme politique algérien a vu juste quand il déclara (en 2012) dans un colloque : « quand les islamistes seront au pouvoir, ils vont chômer, car tout a été déjà fait par leur prédécesseur ! ».

Effectivement, selon ce rythme les confusions entre le religieux (croyant) et le politique (citoyen) se confirment. L'actuel gouvernement veut-il se déresponsabiliser du social et de l'éducatif ? Où l'utilise-t-il comme une stratégie pour contrôler un éventuel soulèvement ou protestation populaire où les Imams vont jouer le rôle des pompiers et d'intermédiaires ? Elargir les pouvoirs de l'Imam s'arrêtera-t-il un jour au social et à l'éducatif où au politique ?

La mosquée pourrait-elle jouer un rôle dans l'éducation civique sans un dogme religieux, qui est légitime de sa part ? La mosquée pourrait-elle jouer un rôle pour régler les différends entre les citoyens, si un des citoyens n'est pas croyant ou d'une autre confession (à moins que l'esprit du législateur part du principe que tous les algériens sont de la même religion)? Imaginant qu'un couple ont uniquement des filles, et par précaution ont fait donation de leur bien à leur fille, une fois décédés, les autres membres de la famille réclament leur « droit religieux d'héritage » ! Est-ce que l'Imam, dans ce cas précis, va juger selon la loi divine ou selon la loi de la république ? C'est un exemple parmi d'autres !

L'école qui est le temple de la nation, se voit vidée de ses prérogatives sociales, éducatives et civiques. Nous savons déjà que certaines mosquées remplissent le vide qui existe dans le préscolaire, où des familles désorientées confient leurs enfants (entre 4 et 5 ans) aux imams, sans aucune pédagogie d'enseignement, ni de connaissances sur la psychologie de l'enfant, ni un environnement propice pour une scolarisation adéquate.

Cependant, ces jeunes enfants, dès leur première enfance, sont livrés à une dogmatisation, sans aucun contrôle institutionnel, et à une religiosité loin de nos traditions cultuelles et culturelles. On ne devrait pas s'étonner devant un tel phénomène et se demander pourquoi la société se plonge dans des circuits d'intolérance, d'incivilité et d'une violence interminable !

Ceci dit, ce décret confirme que le gouvernement veut se désengager des maux qui l'atteignent, au lieu de trouver les remèdes et de renforcer l'état de droit et surtout d'inculquer les valeurs civiques et citoyennes par les institutions de la République, il les cède à l'institution religieuse.

De plus, l'Etat affiche son impuissance à faire face aux problèmes qui gangrène la société algérienne. Après avoir fragiliser les institution de l'Etat : de la justice, à l'éducation, en passant par la fonction publique, etc., maintenant on vide la substance de la république, c'est-à-dire, les valeurs citoyennes et républicaines et nous nous éloignons de plus en plus de la sécularisation des institutions de l'Etat...

La quête du sens!

Perdu. Une personne perdu ne sais plus sur quel pied danser, il se refuge dans les songes et pas dans les idéaux ! Une nuance est de taille, car le rêveur ou le songeur, n'a pas la foi de la substance ou du sujet rêvé. Il s'évade, consciemment ou inconsciemment, dans ses désirs, cependant, ces deniers pourraient se réaliser si les conditions lui permettent de les vivre. Ce n'est pas le cas de l'idéaliste, qui nourrit son idéal par des idées de promesses et d'espoirs et ayant la foi de ses idées ou celle des autres, il pourrait en mourir pour les faire (ou les) vivre. Les deux se convergent vers une quête du sens à leur vie, qui est de plus en plus désorientée ! Ils cherchent la lumière.

Qu'est-ce que les Lumières ? Kant a répondu à la question en écrivant en 1784 dans une petit ouvrage, vers la paix perpétuelle : « Les Lumière, c'est la sortie de l'homme hors de l'état de tutelle dont il est lui-même responsable. L'état de tutelle est l'incapacité à se servir de son entendement sans la conduite d'un autre. Aie le courage de te servir de ton propre entendement. Voilà la devise des Lumière ». Il poursuit : « Paresse et lâcheté sont les causes qui font qu'un si grand nombre d'hommes (…) restent cependant volontiers toute leur vie dans l'état de tutelle ; et qui font qu'il si facile à d'autres de se poser comme leur tuteurs ».

Pour Kant, pour en rester qu'à lui, la première maxime du sens commun (de l'entendement), « penser par soi-même » émancipé de l'hétéronomie (des croyances historique, des préjugés, de guide de tout genre) et permet à la pensée de se conquérir en propre. Ainsi, la pensée libre, la pensée libérée, la pensée « libre-penseur » est la pensée autonome, celle qui ne s'autorise que de son tribunal (de son entendement propre), celle qui se donne à elle-même ses propres lois et ne reconnaît comme légitimes que les lois (naturelles et morales) que donne sa raison.

En 1788, dans la Critique de la raison pure, Kant a écrit : « Penser ce n'est pas produire des représentations et s'assurer de leur réalité objective, de leur conformité au réel. Ce n'est pas ramener sous des règles toutes les représentations des choses (les objets de pensée) et les rassembler dans l'entendement. Penser, ce n'est pas une activité d'entendement, mais de la raison, ce n'est pas une activité théorique, mais pratique, C'est un exercice de Liberté ».

Donc, la pensée est une pratique, un exercice, une certaine « manière de penser », un certain usage de soi qui se nomme risque, essai (expérience) et tentative.

Cette liberté qu'on devrait s'en jouir est prisonnière de plusieurs facteurs : culturel, social, politique, etc. Comment réfléchir soi-même quand on ne dispose pas de la liberté de s'exprimer, d'agir, d'entreprendre, d'expérimenter ? Comment donner sens à sa vie, si les droits d'individu n'existent qu'en communauté ? Comment construire un projet commun si l'individu est sous la tutelle d'une minorité, qui pense à sa place et le fait bercer avec des discours, qui n'ont aucun enracinement dans la réalité quotidienne ? Comment construire une république, si les fondements ne sont pas encore mise en place et les institutions ne sont pas actives, et qui n'arrivent pas à sortir de la tutelle ? Ces institutions peuvent-elles dépasser le seuil de façade républicaine à la production du changement et d'adaptation aux évolutions de la société ?

Notre Homme perdu, comme d'habitude, il sirote son café tout au long de la journée, assez sur une chaise toute au bord du café de quartier, qui allonge la grande rue de la ville…il contempler la mouvement de la foule, qui l'entoure, sans donner un sens à ce qu'il vient de voir ! Dilemme de la journée, que manger, qui va râler, comment rentrer à la maison, avec quel argent payera ses courses !

Et puis il s'interroge : « pourquoi dois-je donner un sens à ma vie, au moment que les tuteurs lui ont déjà donner un sens, c'est-à-dire : un non sens ! »

Oui, je veux morebooks!

I want morebooks!

Buy your books fast and straightforward online - at one of the world's fastest growing online book stores! Environmentally sound due to Print-on-Demand technologies.

Buy your books online at
www.get-morebooks.com

Achetez vos livres en ligne, vite et bien, sur l'une des librairies en ligne les plus performantes au monde!
En protégeant nos ressources et notre environnement grâce à l'impression à la demande.

La librairie en ligne pour acheter plus vite
www.morebooks.fr

OmniScriptum Marketing DEU GmbH
Heinrich-Böcking-Str. 6-8
D - 66121 Saarbrücken
Telefax: +49 681 93 81 567-9

info@omniscriptum.com
www.omniscriptum.com

Printed by Books on Demand GmbH, Norderstedt / Germany